Irmtraud Lorenz

Der Kuss des Bräutigams

Irmtraud Lorenz

Der Kuss des Bräutigams

Stationen einer Liebesreise mit Jesus

GloryWorld-Medien

1. Auflage 2010

Bibelzitate sind, falls nicht anders gekennzeichnet, der Elberfelder Bibel, Revidierte Fassung von 1985, entnommen.
Weitere Bibelübersetzungen:
[Lu84]: Lutherbibel, Revidierte Fassung von 1984
[GN]: Gute Nachricht Bibel, 2002
[Schl]: Schlachter 2000
[Hfa]: Hoffnung für alle, Basel und Gießen, 1983

Das Buch folgt den Regeln der Deutschen Rechtschreibreform. Die Bibelzitate wurden diesen Rechtschreibregeln angepasst.

Lektorat/Satz: Manfred Mayer
Umschlaggestaltung: Kerstin & Karl Gerd Striepecke, www.vision-c.de
Foto: istockphoto
Druck: Schönbach-Druck GmbH, Erzhausen

Printed in Germany

ISBN: 978-3-936322-49-1

Bestellnummer: 359249

Erhältlich beim Verlag:

GloryWorld-Medien
Postfach 41 70
D-76625 Bruchsal
Tel.: 07257 903396
Fax: 07257 903398
info@gloryworld.de
www.gloryworld.de

oder in jeder Buchhandlung

Inhalt

Vorworte

Dieses Buch ist ziemlich *anders* als andere Bücher, die ich bisher gelesen habe!

Es ist kein theologischer Kommentar über das „Hohelied der Liebe“. Und es ist auch keine kurzweilige, romantische Liebesgeschichte. Ebenso finden wir hier keinen geschliffenen Vortrag über die „allegorische Bildsprache“ der Bibel. Vielmehr eröffnet sich in diesem Buch ein sehr persönliches Bekenntnis einer Verliebten. Sie lässt den Leser teilhaben an den verschiedenen Stationen ihrer Liebesreise mit Jesus.

Seit einigen Jahren darf ich die Autorin, Irmtraud Lorenz, etwas näher kennenlernen. Unsere Wege kreuzten sich anfangs an Orten, wo es mehr von Gottes Herrlichkeit und Gegenwart zu finden und zu schmecken gibt. Sie gehört auch zu der Gruppe von Sehnsüchtigen in unserem Land, die auf der Suche „nach mehr von Gott“ sind. Das brachte uns gemeinsam „näher ans Vaterherz Gottes“.

Neben der Offenbarung vom „Vaterherzen“ steht die Offenbarung von „Braut & Bräutigam“ ganz oben auf der Agenda Gottes für unsere Zeit. Deshalb wird dieses Buch ganz gewiss seinen wichtigen Beitrag dazu beisteuern, dass sich noch viel mehr „Söhne und Töchter“ in den Bräutigam Jesus leidenschaftlich verlieben und sich von Ihm lieben – ja, küssen – lassen!

Matthias Hoffmann, Hannover

Das Hohelied der Bibel ist in den letzten Jahren sehr viel stärker ins Blickfeld der Gemeinde Jesu geraten – nicht ohne Grund: Die Brautgemeinde soll für ihre Begegnung mit dem Bräutigam Jesus vorbereitet werden. Die Zeichen der Zeit deuten auf das Nahen dieses Ereignisses hin. Der Heilige Geist ist dabei, in der Gemeinde Jesu dies zu bewirken.

Die Brautgemeinde wird „ohne Flecken und Runzeln" sein und sich auf ihrem Bräutigam freuen. Sie wird eine solche Reinheit, Schönheit und Hingabe haben, dass Menschen, die mit ihr in Berührung kommen, sich ihrer Ausstrahlung nicht entziehen können.

Durch ihre eigene Geschichte und ihr inneres Erleben versteht es Irmtraud Lorenz eindrücklich, den Leser in diesen Prozess der Zubereitung mit hineinzunehmen. Dabei werden auch biblische Texte der Offenbarung über die Braut Jesu lebendig.

Die Stationen der Liebesreise mit Jesus, die inhaltliche Entstehung dieses Buches, habe ich als Ehemann faszinierend „live" miterlebt. Es hilft zu begreifen, wer wir in Jesu Augen sind, den inneren Veränderungsprozess an sich geschehen zu lassen und sich auf den Kuss des Bräutigams zu freuen.

Peter Lorenz

Ich kenne Irmtraud Lorenz nun schon seit zehn Jahren und habe sie als fröhliche, tiefsinnige und geistlich vorangehende Frau kennen und schätzen gelernt.

Mit dem Buch „Der Kuss des Bräutigams" spricht sie mir sehr aus dem Herzen und beschreibt auch genau das Bedürfnis vieler Christen, näher an den Kern des Evangeliums zu kommen. Auf eine lebensnahe, einladende und gewinnende Art und Weise beschreibt sie das Verhältnis, das sich Jesus zu jedem Einzelnen als Braut und Geliebter wünscht.

Aus meiner Erfahrung kann ich sagen, dass es gerade Männern nicht immer leicht fällt, sich mit diesem Gedanken anzufreunden. Dieses Buch kann hier helfen, die richtige Sichtweise zu bekommen und neue Denkanstöße zu geben. Anhand eigener Erfahrungen malt sie uns vor Augen, wie liebevoll Jesus um jedes Herz wirbt und die Bedürfnisse jedes Einzelnen erfüllen möchte.

Ich kann von ganzem Herzen sagen, dass dieses Buch eine enorme Bereicherung für mich persönlich geworden ist.

Danke, Irmtraud.

Sigrun Czech, Berlin

Es ist sehr wohltuend, dieses Buch zu lesen. Irmtrauds Art zu schreiben hat mich tief im Herzen berührt. Es ist ein Vorrecht, dass sie uns an ihren Erfahrungen so offen teilhaben lässt und dazu einlädt.

Ganz offen erzählt sie auch von ihren persönlichen Kämpfen, was das Ganze sehr erfrischend und hilfreich macht. Wir finden viele kostbare Erkenntnisse, wie zum Beispiel über die Küsse von Jesus, unserem Bräutigam.

Im Mittelpunkt steht das Hohelied. Irmtraud versteht es, viele wertvolle Gedanken daraus zu schöpfen, aber auch aus anderen Bibelstellen. Ihre schönen, persönlichen Gedichte zum Hohelied haben es mir angetan.

Mögen wir nie aufhören zu bitten: „Küsse mich", und niemals aufhören zu beten: „Zieh mich DIR nach, lass uns eilen."

Vicki Trustrum, Frankfurt

Einleitung

Dieses Buch ist die Geschichte meiner Liebesreise, eine Liebesgeschichte zwischen Gott und Mensch. Jede Geschichte ist einzigartig, weil jeder Mensch einzigartig ist. Ich hatte nie vor, darüber ein Buch zu schreiben. Nachdem mich aber verschiedene Freunde dazu ermutigten und es mir auch prophetisch zugesprochen wurde, wurde mir klar, dass dies schon längst ein Auftrag von Gott war. Ich hatte in meinem Tagesgeschäft nur kein Ohr dafür gehabt.

Doch im August 2009 begann ich eine Sabbatzeit, die gleichzeitig ein neuer Meilenstein in meiner Liebesreise ist. Das hat mich auch zum Schreiben freigesetzt.

Das Kernstück dieses Buches erzählt von den Entdeckungen, die ich im Wort Gottes, speziell im Hohelied machte, nachdem ich 1996 eine Vision über mich als Braut hatte. Ich sah mich im wunderschönen, fleckenlosen Brautkleid, aber ich bekam noch keinen Einlass zum Gemach des Bräutigams. Irgendetwas „fehlte" mir.

Nach dieser Vision wollte ich wirklich von Gott und seinem Wort her eine Antwort finden, was mir fehlte. Ich studierte drei Monate lang das Hohelied. Ich las keine Auslegungen oder Bücher dazu, um nicht auf eine Fährte gesetzt zu werden, die am Ende meine Fragen offen lassen würden.

Diese Zeit führte mich zu tiefen Offenbarungen und Herzensbegegnungen mit meinem himmlischen Bräutigam und erneuerte meine Beziehung zu ihm auf dauerhafte Weise. Ich verstand immer besser, wie ich und wir als Gemeinde zu der Reife einer Braut kommen, die – verwandelt in das Bild Jesu – ihren Bräutigam mit brennender Liebe und Leidenschaft erwartet. Mit einem verlangenden Herzen bittet die Braut unablässig: „Komme bald, Herr Jesus!" Gleichzeitig ist sie hingegeben und opferbereit, das Evangelium bis an die Enden der Erde zu tragen, um auf diese Weise sein Kommen zu beschleunigen, denn es geht ihr immer um IHN.

Erst wenn allen Nationen und Völkern die gute Nachricht verkündigt wurde, wird das Ende kommen können.

In den folgenden vierzehn Jahren bis heute ist das prophetische Buch des Hoheliedes mir zu einem unentbehrlichen, hilfreichen Wegweiser geworden, wie ich auf das Ziel ausgerichtet bleiben kann. Ich entdeckte darin göttliche Strategien und Wahrheiten, die für mich zu „Positionslichtern" geworden sind und mich „auf Kurs" halten.

Wenn Schiffe in einen Hafen einfahren, orientieren sie sich an solchen Positionslichtern. Diese müssen ALLE genau in einer Reihe hintereinander stehen, dann stimmt der Kurs. Ein Positionslicht für sich alleine genommen wird zum Irrlicht; es führt vom Ziel weg.

In den letzten Jahrzehnten ist der Gemeinde Jesu viel „Licht" geschenkt worden, viele „alte Wahrheiten" sind neu belebt und herausgestellt worden. Dankbar und hungrig sind sie von mir und vielen Gläubigen aufgegriffen worden. Doch ich habe auch festgestellt, dass diese Kostbarkeiten als Irrlichter verkommen können, wenn man sie nicht im Zusammenhang, das heißt als Positionslicht in einer Linie zu den übrigen Wahrheiten, einordnet.

Dieses Buch schreibe ich als ein Zeugnis meiner Liebesreise mit Jesus, es ist angereichert mit meinen eigenen Erfahrungen und sehr persönlich. Teilweise habe ich die Form von Versen und Gedichten gewählt, wenn ich Einblicke in „Herzensangelegenheiten" gewähre. Man kann sie überspringen, ohne den roten Faden zu verlieren, oder eben auch lesen wie ein Gedicht: Zeile für Zeile, langsam und darauf horchend, was auch zwischen den Zeilen mitschwingt.

Ich bete darum, dass Sie beim Lesen dieses Buches selber Offenbarungen bekommen, die Ihr Herz erfrischen und Ihre Liebesreise auf „himmlische" Weise bereichern.

Kapitel 1

Eine ungewöhnliche Einladung

Ein rotes, schnittiges Cabriolet fährt vor, die Seitentür wird geöffnet und eine freundliche Stimme weist mich an, Platz zu nehmen. Überrascht schaue ich den Fahrer an; er ist mir gut bekannt – und doch bin ich perplex, eine solche Einladung von ihm zu bekommen. Was geht hier vor?

Ich war ganz auf ein intensives Arbeitswochenende eingestellt. Es war die zweite Woche im November 2008 und wir hatten unsere jährliche Ältestenklausur. Wir begannen unser erstes Treffen mit einer ausgedehnten Lobpreiszeit und Stille zum Hören auf Gott. Nur er würde uns die rechten Impulse, Entscheidungen, Ideen und Gewichtungen für das neue Jahr geben können. Und in dieser Zeit stand mir plötzlich obiges Bild vor Augen, eine Vision:

Ein roter Flitzer wartet wie eine Hochzeitskutsche auf mich, um mich zu einer Liebesfahrt mitzunehmen. Niemand anderes als Jesus, mein himmlischer Bräutigam, hat mich eingeladen einzusteigen.

Als ich mich auf dem Beifahrersitz niedergelassen habe, lächelt er mir zu und gibt Gas. Ich habe Mühe, meine Gefühle zu sortieren. Wo fahren wir hin? Was hat das zu bedeuten? Ist jetzt schon die Zeit gekommen, auf Hochzeitsreise zu gehen? Als ich aus dem Fenster schaue, sehe ich, soweit das Auge reicht, Weinberge. Die Erntearbeiten haben begonnen, und überall sind Männer und Frauen an der Arbeit. Ist es recht, dass ich auf Vergnügungsfahrt gehe, wenn es doch so viel zu tun gibt? Zögernd sehe ich Jesus an und frage ihn: „Sollte ich nicht doch lieber auch arbeiten gehen?“

Seine Antwort klingt fast traurig: „Es gibt viele Leute, die mir gerne dienen; es gibt wenige, denen es genügt, mich einfach nur zu lieben."

Impulsiv antworte ich: „Dann will ich bei dir bleiben!" Ich spüre seine Sehnsucht, und das berührt mein Herz. Schweigend fahren wir eine Weile weiter. Immer noch ziehen sich die Weinberge an den Berghängen entlang. Ich merke, wie ich bei diesem Anblick innerlich hin und her gerissen bin – ich will wirklich gerne bei Jesus sein, aber ich fühle mich auch unwohl. Lasse ich die anderen Arbeiter nicht einfach im Stich? Irgendwie kann ich mich gar nicht auf die Freude einlassen, mit ihm unterwegs zu sein, so sehr nagen Schuldgefühle und Zweifel an mir.

Gleichzeitig beschämt es mich, dass ich mit so wenig Begeisterung auf seine Einladung reagiere. Jesus hat meine inneren Kämpfe wohl mitbekommen und unterbricht meine Überlegungen: „Meinst du, ich arbeite selber nicht?" Überrascht sehe ich ihn an. Mit dieser Frage eröffnet sich mir eine andere Perspektive: Jesus sitzt doch auch gemütlich mit mir im Auto und hat dabei offensichtlich kein schlechtes Gewissen. Warum habe ich dann eins? Und außerdem arbeitet er sonst auch, darüber will ich gerne mehr erfahren. So frage ich zurück: „Was ist deine Arbeit?" „Ich werde es dir zeigen", verspricht er mir und lenkt den Wagen auf den Gipfel eines sehr hohen Berges.

Oben angekommen, steigen wir aus und ich schaue mich um. Dieser Ausblick übertrifft alles, was ich bisher gesehen habe: Ein Ausschnitt aus dem Makrokosmos und dem Mikrokosmos wird für mich sichtbar. Einerseits kann ich die Unendlichkeit des Universums wahrnehmen, andererseits sehe ich die Tautropfen auf den Blättern; jedes Blütenblatt an der Blume, die einzelnen Haare im Fell der Tiere. Mir fällt die Bibelstelle ein, wo Gott sagt, dass er alle unsere Haare auf unserem Kopf gezählt hat. Jetzt weiß ich, wie einfach das für ihn ist. Doch das Wichtigste ist: Ich kann wahrnehmen, wie Jesus unaufhörlich sein Leben jedem Lebewesen mitteilt. Beständig fließt dieses Leben aus ihm heraus und in die Pflanzen, Tiere und Menschen hinein.

Stumm und staunend nehme ich diese Szene in mich auf. „Das ist meine Arbeit", bemerkt Jesus schlicht zu mir.

Unwillkürlich vergleiche ich sie mit der Arbeit „im Weinberg", d. h. auch mit meiner Art zu arbeiten. Ich habe dabei immer etwas zu TUN, bei ihm geht es ums SEIN. „Ist unsere Arbeit überflüssig", will ich wissen. „Nein, nicht überflüssig – aber noch nicht alles." Wir steigen wieder ins Auto und fahren zu einem anderen Berg. Von dort aus kann ich ein Erntefeld überblicken, das bis zum Horizont reicht. Die meiste Arbeit ist darauf schon getan und nur ganz vereinzelt sehe ich Menschen über das Feld gehen. „Was tun die dort?", will ich wissen, und Jesus erklärt: „Sie fließen mit meinem Geist zusammen."

Sofort fällt mir die Schriftstelle ein: „Wer an mich glaubt, wie die Schrift sagt, von des Leibe werden Ströme lebendigen Wassers fließen" (Joh 7,38). Ich ahne, dass wir deren Bedeutung bisher noch nicht wirklich erfasst haben. Ja, Ströme des Lebens waren von Jesus aus zu allen Lebewesen geflossen, und Ströme kamen hier von den Menschen durch den Heiligen Geist auch durch ihr SEIN und nicht durch ihr TUN. Anschaulich ist mir vor Augen gestellt, wie unterschiedlich die Ergebnisse zum Aufwand ausfallen. Ein tiefes Verlangen steigt in mir hoch und ich frage Jesus: „Wie kann ich da hineinwachsen oder es erlernen?" Jetzt lächelt er mich liebevoll an und erklärt: „Indem du mit mir auf eine Liebesreise kommst – nur durch die Liebe wirst du dahin kommen, nur durch mich, wenn du willst!" Intuitiv weiß ich, dass es ganz praktisch bedeuten wird, meine Arbeit „im Weinberg", sprich Gemeinde, aufzugeben, um frei zu sein für eine Liebeszeit mit IHM.

Ich öffnete die Augen und stellte fest, dass alle anderen noch im Gebet oder in Gedanken versunken waren. So blieb mir Zeit, alle Eindrücke aus der Vision zu verarbeiten. Eigentlich hatte ich schon längere Zeit gespürt, dass ich loslassen sollte. Wieder einmal! Seit dreiunddreißig Jahren war ich mit meinem Mann zusammen „im Dienst" – und das von Herzen. Mich begeisterte es immer zu erleben, wie Menschen verwandelt wurden, wenn Gott ihr Leben berührte. Nein, man kann Gott nicht mit den Augen sehen. Aber so wie die Schöpfung den Schöpfer offenbart, so offenbart ein verwandeltes Menschenleben den Erlöser.

Meine Gedanken wanderten zurück …

Hippies, Rocker und „Jesus People"

Eine buntgemischte Gruppe von Hippies, Studenten und Spießbürgern hatte sich zusammengefunden. Wir missionierten unter den Randgruppen und im Rotlichtmilieu. Es wehte noch Erweckungsluft und die Jesus People waren in aller Munde. Mit Begeisterung und Kühnheit wurde jedermann auf Jesus angesprochen. Wurden wir ausgelacht oder verspottet, war es uns eine Ehre und tat dem Eifer keinen Abbruch. Nahm ein Mensch Jesus in sein Leben auf, feierten wir eine Party, wie sie auch im Himmel stattfindet, wenn ein Sünder Buße tut.

Für mich hatte sich eine neue Welt aufgetan. Durch meine Eltern hatte ich schon in jungen Jahren eine Beziehung zu Jesus Christus und ein gutes Glaubensfundament bekommen. Doch offensiv meinen Glauben weiterzugeben, war mir bisher fremd gewesen. Ich hätte mir wohl auch nie diese Gruppe ausgesucht, wenn Gott mich nicht mit der Nase darauf gestoßen hätte.

Ehe ich meine Ausbildung als Krankenschwester begann, hatte ich Gott gebeten, mir doch eine Mitchristin unter den über 200 Schülerinnen zu schenken. Er erhörte mein Gebet, wenn auch völlig anders als erwartet. Bei unserem Rundgang durch das Schwesternwohnheim zeigte eine Mitschülerin große Begeisterung über den Musikkeller. Sie spiele Akkordeon, klärte sie uns alle auf und war froh, an diesem Ort ungestört üben zu können. Beim Wort „Akkordeon" horchte ich auf; dieses Instrument hatte mich schon immer fasziniert. Wir verabredeten ein Treffen und bald lauschte ich ihrem Vorspiel. Dabei sah ich mich ein wenig in ihrem Zimmer um und entdeckte auf ihrem Bücherregal ein Buch von Mutter Basilea Schlink. Auf meine Nachfrage erzählte sie mir ihre Geschichte. Um es kurz zu machen:

Vor wenigen Monaten war sie an einem Tiefpunkt in ihrem Leben angekommen. Nachdem sie Trost im Alkohol gesucht hatte und ohne bestimmtes Ziel über die Reeperbahn torkelte, geriet sie in eine Zeltevangelisation, bekehrte sich auf der Stelle und wurde am selben Abend noch getauft. Sie bekam jenes Buch geschenkt, um mehr über Gott zu erfahren, und hatte extra die Ausbildung in Hamburg begonnen, um sich dieser Gruppe von Christen aus dem Jesus Center anschließen zu können.

So sehr ich mich für sie freute, schlackerten mir doch die Ohren: getauft ohne gründliche Glaubensunterweisung? Und mit ihrer Hippiekleidung erschien mir ihr Lebensstil auch sehr fragwürdig. Da wartete doch eine Aufgabe auf mich! Nachdem ich ihr meine Geschichte erzählt hatte, war Maria (Name geändert) genauso davon überzeugt, dass auch ich eine Aufgabe für sie wäre: viel zu spießig, viel zu wenig Leidenschaft und zu wenig Rettersinn.

Gleich am nächsten Tag legte sie jedem Mitschüler einen knallroten Aufkleber auf den Ordner mit der Aufschrift: „Mao, Buddha, Marx – Nein! Jesus Christus – Ja!“ Auf die empörte Nachfrage, wer sich diese Frechheit geleistet hatte, rief Maria fröhlich: „Wir beide! Wir glauben an Jesus Christus.“ Damit hatten wir uns meiner Meinung nach auf peinliche Weise zu unserem Glauben bekannt. Das war der Auftakt zu weiteren Überraschungsangriffen. Keine U-Bahn-Fahrt und keinen Einkauf konnte ich mit ihr „einfach so“ machen, immer wurden Leute mit dem Evangelium überfallen. Die Reaktionen waren sehr unterschiedlich: von Verärgerung über Gleichgültigkeit bis hin zu echter Betroffenheit und dem Wunsch nach Gebet. Ich fühlte mich davon abgestoßen und gleichzeitig fasziniert. Maria hatte etwas, was mir fehlte. Dabei war ich mir nicht einmal sicher, ob ich „das“ haben wollte.

Dann kam jener unvergessliche Sonntag. Ein amerikanischer Gastsprecher hielt in unserer Gemeinde einen Gottesdienst und ich hoffte, dass sein Temperament, Stil und Thema Maria reizen könnte, mich einmal zu begleiten. Dann würde sie endlich mal mit „richtigen“ Christen in Berührung kommen. Ich hatte mehr als genug von ihrer Truppe gehört, und in meiner Vorstellung hatte sich ein Bild von einem wilden Haufen geformt. Interessanterweise predigte derselbe Mann Gottes anschließend auch bei ihnen, und wir versprachen uns gegenseitig, einmal beim anderen mitzukommen.

Empfand ich selber den ersten Gottesdienst bei uns als gesegnet, überraschte der Heilige Geist mich bei meinem Besuch in Marias Gruppe. Gleich beim Eintreten spürte ich stark Gottes Gegenwart, und bevor ich mich setzte, sprach der Heilige Geist deutlich hörbar zu mir: „Das ist dein Platz." An diesem Abend erlebte ich eine körperliche Heilung und wurde neu mit dem Feuer des Heiligen Geistes erfüllt. Wow!

Ich habe keine Ahnung, was der gute Mann gepredigt hat, aber in mir geschah irgendetwas Neues. Ich zitterte und bebte unter der Kraft Gottes und stellte mich mit weichen Knien zum Gebet an. Nie zuvor hatte ich so etwas erlebt. Ja, ich war schon geistgetauft – ja, schon mehrere Jahre kannte ich das Sprachengebet und praktizierte es auch, aber nun wurde ich von einem Feuer erfasst, das mein Herz in Brand setzte. Auf dem Heimweg gegen Mitternacht war kein Passant mehr sicher vor mir – jedem musste ich zumindest eine „Jesus-Zeitung" in die Hand drücken, weil keine Zeit mehr zum Reden da war.

Nach diesem wunderbaren Erleben schloss ich mich der Missionstruppe an. Das Evangelisieren auf der Straße machte jetzt richtig Spaß, auch wenn alles drum herum mir fremd und oft ungewöhnlich erschien. Aber da ich eine sichere Platzanweisung vom Herrn bekommen hatte, vertraute ich darauf, dass er mich auch bei allem Neuen unterweisen, lehren und korrigieren würde. Mein Horizont weitete sich, und auch mein Herz. Rückblickend kann ich nur sagen, Maria hat mir mehr gedient als ich ihr.

Meine große Liebe

Gleich bei meinem ersten Besuch im Jesus-Center stand Peter an der Tür und begrüßte mich. Lange lockige Haare fielen ihm auf die Schulter, mit einem breiten Grinsen und einem freundlichen Hallo hieß er mich willkommen. Doch es dauerte fast neun Monate bis ein gemeinsames Pizza-Essen uns einander näherbrachte.

Schnell entdeckten wir unsere gemeinsame Herzenssprache: Wir liebten Gott und wollten Menschen zu Jesus bringen.

Trotzdem konnten wir beide uns noch genau an diese erste Begegnung erinnern. Ich hatte damals durch die fremde und neue Umgebung alles wach und aufmerksam verfolgt. Peter war ich als „bemerkenswertes Mädchen“ aufgefallen und er wusste auch ein dreiviertel Jahr später noch genau, was ich damals anhatte. Also musste ich ihn irgendwie beeindruckt haben. Nach den ersten Wochen des Kennenlernens fanden wir immer mehr Gefallen aneinander.

Peter hatte gerade sein Studium in Geologie und Geophysik begonnen. Dass ihre beruflichen Zukunftsaussichten in diesem Fach nicht besonders rosig wären, hatten die Dozenten ihnen gleich bei der ersten Vorlesung mitgeteilt. Was würde die Zukunft bringen? Auch ich stellte mir nun diese Frage. In einem christlichen Elternhaus aufgewachsen, hatte ich ein gutes Glaubensfundament erhalten. Vor allem hatte ich schon früh selber eine persönliche Beziehung zu Jesus Christus bekommen. Ich wusste mich von Gott berufen und erwartete eigentlich, in die Mission geführt zu werden. Deshalb hatte ich auch den Beruf einer Krankenschwester gewählt. Wie sollte das mit einem „Geologen“ zusammenpassen? Waren wir wirklich füreinander bestimmt? Ich wurde immer unruhiger und schlug Peter vor, dass wir uns drei Wochen lang nicht sehen, telefonieren oder schreiben sollten. In dieser Zeit sollte jeder von uns sich von Gott zeigen lassen, ob wir eine gemeinsame Zukunft haben würden oder nicht.

Peter war diese Art von göttlicher Führung noch fremd und er betete in diesen Wochen wie ein Weltmeister, dass ich ein „Ja“ finden möge. Ich bat Gott um sein Reden und vertraute darauf, dass er es mir in dieser Zeit zeigen würde.

An einem Vormittag hielt ich eine ausgedehnte Lobpreiszeit. Ich hatte Spätschicht und genoss es, ausgiebig und in Ruhe die Bibel zu lesen und anzubeten. Plötzlich sah ich im Geist Jesus in mein Zimmer kommen, Hand in Hand mit Peter. Er fragte mich: „Wen liebst du mehr, Peter oder mich?“ In diesem Moment war Peter mir greifbar nahe. Ich hatte extra die Pause vorgeschlagen, um Abstand von ihm zu bekommen. Doch nun fühlte es sich so an, als stände er leibhaftig vor mir. Mein Herz fing an heftig zu klopfen und ich spürte ganz gewiss, dass ich Peter liebte. Schlagartig wurde mir bewusst, was ich alles verlieren würde, wenn ich mich von ihm trennte. Wir kannten uns zwar noch nicht lange, doch trotzdem gab es schon viele glückliche Momente, an die ich mich erinnerte. Wie gut konnte er zuhören! Wenn er mich anschaute, lächelten seine Augen mich warm an. In Gesprächen war er tiefgründig und begeisterungsfähig. Er liebte es, mich zu überraschen, und war erstaunlich aufmerksam zu registrieren, was mir gefiel. Sollte das alles vorbei sein? Doch dann stand Jesus auch da. Ihn kannte ich nicht erst seit ein paar Wochen, sondern Jahre! Er war mit zum besten Freund geworden, mit dem ich alles teilte. Er war mein Erlöser und himmlischer Bräutigam. Ihn würde ich nie aufgeben können! Aber warum musste ich mich überhaupt zwischen beiden entscheiden? Ich spürte Schmerz und Trauer bei dem Gedanken, mich von Peter verabschieden zu müssen.

Unter Tränen ließ ich Peter innerlich los und nahm mir vor, ihm einen Abschiedsbrief zu schreiben. Ihn wieder zu sehen, würde ich nicht ertragen können. Vielleicht sollte ich auch die Gemeinde wechseln? Gleichzeitig lieferte ich mich Jesus neu aus und flüsterte ihm meine Liebe zu. „Jesus, es tut mir sehr weh, Peter zu verlieren, aber dich liebe ich mehr." Nach diesen Worten verschwand Peter vor meinen inneren Augen und Jesus nahm den ganzen Raum ein. Wellen seiner Liebe spülten über mich hinweg. Seine Wärme tröstete und liebkoste mich. Ich genoss seine Nähe und Gegenwart und ruhte mich bei ihm aus. Ich hatte die richtige Wahl getroffen. Plötzlich brachte er Peter wieder zurück. „Er gehört mir, aber ich leihe ihn dir", gab er mir zu verstehen. Ich verstand, dass auch Peter immer zuerst Ihm gehören würde und ebenfalls eine Berufung hatte, aber ich verstand genauso, dass wir unseren Weg zusammen gehen durften. (Die Berufung empfing Peter dann auch inmitten einer Vorlesung; er verließ spontan den Hörsaal und kehrte nie mehr dahin zurück.)

Doch warum hatte er mich mit der Frage, wen ich mehr liebte, geprüft? Eine viel schwerere Prüfung als ich hatte Abraham zu bestehen gehabt, als er seinen Sohn Isaak opfern sollte. Als er ihn gebunden auf den Opferaltar gelegt und das Messer erhoben hatte, sagte Gott zu ihm: **„Jetzt** sehe ich, dass du deinen eigenen Sohn nicht verschont hast ..." (vgl. 1 Mo 22,12 Lu84). Gott sieht doch immer alles, das Vergangene genauso wie das Zukünftige. Warum spricht er dann „Jetzt sehe ich"? Ich bin überzeugt, dass in Abraham dieser Glaube und diese Opferbereitschaft hervorgebracht wurden, als er zum Opferberg ging. Er hatte eine grundsätzliche Bereitschaft und Willigkeit zum Gehorsam, aber erst als er es buchstäblich umsetzte, wuchs etwas auf, wurde sichtbar, was wie ein kleiner Same in ihm schlummerte.

Ich spürte, dass mein Loslassen und meine Entscheidung eine noch tiefere Liebe hervorgebracht hatten.

Wenn Gott mich jetzt zu einer Liebesreise einlud, wollte er auch Neues in mir wirken; dazu war es nötig, Vertrautes loszulassen. Ich ahnte, dass es mich herausfordern würde, aber ich freute mich auch darauf.

Immer noch spielte leise die Lobpreismusik und die anderen Ältesten saßen mit geschlossenen Augen da. Also konnte ich meine Gedankenreise in die Vergangenheit weiterführen.

Gemeinsam Jesus dienen – Erlebnisse in Berlin und Köln

1976 heirateten Peter und ich und wählten zu unserem Trauspruch Matthäus 6,33: *„Trachtet zuerst nach Gottes Reich und seiner Gerechtigkeit, so wird euch alles andere zufallen."* Das war und blieb unser Leitvers alle Jahre. Und was durften wir nicht alles erleben!

Nach Peters Bibelschulzeit waren wir dreizehn Jahre in Berlin. Bei Teen Challenge arbeiteten wir mit einem Team unter Alkoholikern, Drogenabhängigen und Prostituierten. Wie viele Wunder durften wir miterleben! Wie viel Gnade und Veränderung wurde im Leben von Menschen sichtbar.

Da war diese junge Frau, ich nenne sie Agnes, die eines Abends in unsere Teestube kam. Sie hatte viele Probleme und fühlte sich einsam und unverstanden. An diesem Abend hörte sie zum ersten Mal von Jesus und lud ihn ein, in ihr Leben zu kommen. Mit einem fröhlichen Herzen ging sie heim. Sie warf ihre Pillen weg und zog aus dem gemeinsamen Schlafzimmer mit ihrem Freund aus. Wir hatten ihr das nicht gesagt, aber im Herzen wusste sie, dass es das Richtige war. Und sie folgte ihrem Herzen. Ihr Freund, nennen wir ihn Thomas, war erbost darüber und wollte sie schlagen. Er war zwölf Jahre seines Lebens Alkoholiker gewesen und hatte neun Jahre Drogen genommen. Er war in der Hausbesetzerszene gut bekannt, als Zuhälter brutal, hatte viele Gefängnisaufenthalte; seine Geschichte war lang. Als er Agnes kennenlernte, war sie die erste Frau, die er nicht verachtete. Sie hatte gerade ihr Abi gemacht und brannte dann von zu Hause durch und zog mit ihm durchs Land. Doch das jetzt wollte er sich von ihr nicht bieten lassen.

Er hatte schon die Hand gehoben, ließ sie aber dann wieder sinken. Später sagte er, er habe gespürt, dass er gegen den Namen Jesus machtlos war, und über genau diese Person sprach sie mit ihm. Er nahm sich vor, Rache an den Leuten in der Teestube zu üben, die seiner Freundin den Kopf verdreht hatten. Als er in entsprechender Stimmung am nächsten Wochenende die Stufen zu uns ahnungslosen Mitarbeitern hinabstieg, passierte beim Eintreten etwas Unglaubliches. Ihn empfing eine Atmosphäre, die er nicht beschreiben konnte. Er wusste nur, dass es das war, wonach er sein Leben lang gesucht hatte. Nach einem abendfüllenden Gespräch ging er mit der Bibel beschenkt nach Hause. Zum ersten Mal fing er an sie zu lesen. Er hatte sie bisher schon öfter in der Hand gehabt. Im Gefängnis hatte er sich aus den Seiten Zigaretten gedreht, er hatte sie vor anderen zerrissen und sich darüber lustig gemacht, aber jetzt war er gespannt darauf, sie zu lesen.

Drei Wochen lang las er stundenlang Kapitel um Kapitel. Dann betete er ganz allein in seinem Zimmer und bekannte alle seine Schuld. Er beschrieb es später so: „Es fühlte sich an, als hätte ich 20 Zentner Kohlen die Treppe hochgeschleppt und konnte nachher mit dem Fahrstuhl runterfahren. Endlich frei." Gott hatte ein wirkliches Wunder an ihm getan. Sechs Wochen später heirateten die beiden in einer kleinen Kirche; Anzug und Brautkleid hatten ihnen Freunde ausgeliehen. Später bei der Feier saßen auf der einen Seite ein Haufen Leute, die kifften und sich mit Drogen zudröhnten, auf der anderen Seite ein Trupp aus der Teestube, die Lobpreis machten. Jesus macht frei. Einige Jahre blieb ich noch mit ihnen in Kontakt. Sie waren nach Westdeutschland gezogen, Thomas hatte eine Arbeit bekommen und sie versorgte als Mutti ihre zwei Kinder. Gott hatte ihr Leben wirklich verwandelt, und wir hatten es miterleben dürfen. Das entschädigte uns um ein Vielfaches für alle Mühen, Anstrengungen und Enttäuschungen, die wir auch erlebten.

Oder wenn ich an Bernd denke (Name geändert). Wir hatten als Team eine alte Villa in Lichterfelde bezogen und Platz, um Leute bei uns aufzunehmen. Wir hatten inzwischen zwei Kinder und einen Pflegesohn. Als Bernd zu uns kam, war sein Gehirn durch den langen Gebrauch von LSD so geschädigt, das er kaum einen zusammenhängenden Satz sprechen konnte. Sprach ich ihn bei Tisch an, mir z. B. das Salz zu reichen, streckte er seinen Arm aus und hatte dann schon vergessen, wer ihn gefragt hatte. Nach ein paar Tagen wollte er uns verlassen. Als er zum Gartentor ging, stellte sich ihm unsere dreijährige Tochter in den Weg. „Bitte, bleib doch da, spiel mit mir, ich hab dich lieb." Diese kindliche Bitte berührte etwas in ihm und er blieb. Nach einigen Wochen verstand er mehr und mehr, dass Jesus Christus auch ihn liebt und sein Leben erneuern kann. Er übergab ihm sein Leben. Bevor er nach drei Monaten Aufenthalt bei uns seine Therapie in Westdeutschland antreten konnte, feierte er sein Tauffest in unserer Gemeinde. Ich konnte an dem Abend wegen der Kinder nicht mitgehen und hörte mir später sein Zeugnis auf Kassette an. Er sprach fünfzehn Minuten lang zusammenhängend!! Das allein war schon ein Wunder. Was hatte Gott nicht in ein paar Wochen getan, und was würde er noch tun?!

Ca. 150 bis 180 Leute sind in den Jahren durch unser Haus und unsere Familiengemeinschaft gegangen; jeder hatte seine Geschichte. Jeder ist von Gott geliebt. Manche haben das angenommen, andere nicht. Einige blieben drei Tage bei uns, einige drei Monate. Manche wurden frei von Drogen, andere fielen wieder in ihr altes Leben zurück. Manche brauchten mehrere Anläufe, bis sie clean blieben. Oft verachteten sie sich selbst, aber sollte nicht jeder wenigstens einmal hören, dass es einen gibt, der sie bedingungslos liebt? So sehr, dass er lieber selber stirbt, damit sie leben können?

Das ist die Arbeit im Weinberg, die ich so sehr liebe. Sie hat viele Gesichter. Nicht nur die Randgruppen, auch Kinder sind ein großes Feld, das bearbeitet werden darf. Dabei gilt es, ihre Sprache zu lernen. Mein erster Versuch war noch recht kläglich. Ich hatte die Kinder aus Berlin-Kreuzberg versammelt, um ihnen von Jesus zu erzählen. Da Stadtkinder nichts mit dem guten Hirten anfangen können und viele nur einen brutalen oder besoffenen Vater kennen, stellte ich ihnen Jesus als einen guten Freund vor. Wünscht sich nicht jedes Kind Freunde? Nachdem ich mich schon dazu bekannt hatte, dass Jesus mein Freund ist und auch der Freund von Peter (der im Nebenraum gerade den Ofen anheizte), meldete sich ein Fünfjähriger, um festzustellen: „Dann ist Jesus also schwul." Mir blieb die Spucke weg. Ich merkte, dass mir ihre Welt genauso fremd war wie meine Welt ihm. Doch ein Anfang war gemacht. Während ich sie mit Jesus bekannt machte, lernte ich selber noch eine Menge über die Lebens- und Denkweise dieser kleinen verlorenen Kinder.

Unvergesslich bleibt mir Linda (Name geändert), ein sechsjähriges moslemisches Kind. Wie ein Schwamm hatte sie alle Geschichten von Jesus aufgesogen. Oft kam sie mich zu Hause besuchen und wollte mehr von Gott hören. Eines Tages traf ich sie nach der Schule und sie sagte traurig: „Meine Mama sagt, ich bin ein Moslem und werde immer ein Moslem bleiben." Es ist wirklich wahr, zu der Stunde, wenn wir Antworten brauchen, werden sie uns gegeben. Ich erklärte: „Hör zu, hier in Deutschland gibt es viele Christen, die Jesus nicht im Herzen haben. Ich bin ein Christ, der Jesus im Herzen hat. Es gibt auch viele Moslems, die Jesus nicht im Herzen haben. Du bist ein Moslem, der Jesus im Herzen hat." Da konnte sie wieder lachen.

Seit zwanzig Jahren sind wir nun hier in der Gemeinde in Köln-Porz. Gemeinde ist Gottes Schatz, der versorgt und gehütet werden darf. Wie gerne war ich aktiv und mittendrin.

Nun diese Einladung! Ich würde mich losreißen müssen! Aber wie eine Melodie fing es an in mir zu klingen: „Es gibt noch MEHR. Die Liebesreise ist ein Geschenk an mich."

Als wir mit der Austauschrunde im Ältestenkreis begannen, hatte ich ihnen „Neuigkeiten" mitzuteilen – das war der erste Schritt zur Veränderung.

Zum Glück dauerte es noch einige Monate, bis ich mein Ältestenamt niederlegen konnte, indem ich mich bei der turnusmäßigen Neuwahl nicht mehr zur Verfügung stellte So konnte ich mich innerlich darauf einstellen, um mein ganzes Herz bei dieser Entscheidung mitzunehmen. Auch alle Lehr- und Predigtdienste, außer bei den Kindern, gab ich ab. So bleibe ich meinem Liebhaber verfügbar (und habe jetzt auch Zeit dieses Buch zu schreiben).

Wenn ich von meiner Liebesreise berichte, von dem, was Gott in mir hervorbringen kann, dann muss ich eigentlich noch weiter zurückgehen. Denn diese Liebesreise ist eigentlich schon die Fortsetzung einer Geschichte, die 1996 begann ...

KAPITEL 2

Der Kuss des Bräutigams: seine Liebe empfangen

Endlich waren alle drei Kinder startklar für einen neuen Schultag und stürmten aus dem Haus. Ich liebte den fröhlichen Lärm meiner Rasselbande, genoss aber auch die ruhigen Stunden am Vormittag, wo ich eine Arbeit einmal ohne Unterbrechung zu Ende bringen konnte und Zeit für mich selbst hatte.

Ich konnte es kaum erwarten, mich in meinen Lieblingssessel zu kuscheln und meine „Zeit mit Gott“ zu beginnen. Würde es wohl wieder so sein wie gestern und vorgestern? Mit ein paar Handgriffen räumte ich schnell das Frühstücksgeschirr vom Tisch, bevor ich es mir dann im Wohnzimmer gemütlich machte. Ich schlug meine Bibel auf, Hohelied Kapitel 1, und las den ersten Vers. Dann schloss ich erwartungsvoll meine Augen und betete so, wie die Braut es dort tat: „Küss mich.“ Wieder geschah es augenblicklich: Seine sanfte, liebevolle Gegenwart legte sich wie eine Decke um mich, hüllte mich ein. Ein neues Bewusstsein seiner Liebe berührte mein Innerstes und fing an, mein ganzes Sein zu umarmen. Die Süße seiner Zuneigung ließ mich weinen und lachen zugleich. Wie soll ich das beschreiben? Ich tauchte ein in den göttlichen Liebesstrom, der mich mit sich fort trug in eine andere Dimension, wo auch Raum und Zeit an Bedeutung verlieren.

Irgendwann hatte ich das Empfinden, als würde mich jemand antippen und sagen: „Es ist Zeit zum Kochen.“ Ein Blick auf die Uhr zeigte 12.30. Vier Stunden waren vergangen, doch sie kamen mir wie vier Minuten vor. Ich konnte mich noch nicht losreißen und bat den Heiligen Geist um ein paar weitere Minuten, wissend, dass ich seine Hilfe brauchen würde um zurückzufinden in meinen Alltag. Noch einen letzten Kuss, noch eine göttliche Zuteilung seiner Liebesmacht in mein Herz hinein!

Dann eilte ich in die Küche. Heute würde meine Familie sich mit einem Fertiggericht begnügen müssen, ergänzt durch einen Salat. Ich hoffte, wieder ein kleines Zeitfenster für mich öffnen zu können, wenn alle Kinder sich an ihre Hausaufgaben machen oder zum Sportverein gehen würden. Ich wünschte mir, dass sie heute alle eine Verabredung mit ihren Freunden hätten, die sie lange in Beschlag nehmen würde! Doch ich wollte diesmal geduldiger den rechten Zeitpunkt abwarten als gestern. Da hatte ich am Nachmittag noch ein paar Einkäufe zu tätigen. Vorsorglich hatte ich sie auf einen Zettel geschrieben, was ich normalerweise nicht tue. Als ich alles in meinen Einkaufswagen sammelte, hatte ich der Sehnsucht meines Herzens nachgegeben und leise geflüstert: „Küsse mich." Hatte ich gehofft, er würde auf ein Flüstern auch mit leiser Stimme antworten? Stattdessen überfiel mich seine Liebe wie eine stürmische See. Schluchzend und in Tränen aufgelöst stand ich vor den Joghurtbechern. Sollte ich alles stehen lassen und später wiederkommen? Mein Innerstes war aufgewühlt und überwältigt, doch wie konnte ich mich dem hingeben, mitten im Geschäft? Ich begriff, dass ich mit der Bitte um einen Kuss sehr überlegt umgehen musste.

Wie hatte alles angefangen? Diese neue Erfahrung hatte ganz unangekündigt begonnen. Vor zwei Tagen hatte ich in meiner Bibellese nach einem neuen Thema oder Text gesucht. Mehrere Wochen zuvor hatte ich mich mit „unserem Erbe in Christus" beschäftigt, und daraus war ein ausgiebiges Studium geworden, das mir inneren Gewinn gebracht hatte. Doch jetzt wollte ich einfach etwas Leichtes lesen, vielleicht einen Psalm? So blätterte ich betend meine Bibel durch und kam auf das Hohelied. Das erschien mir passend und ich begann langsam und laut die ersten vier Verse zu lesen.

Das Lied der Lieder von Salomo. Er küsse mich mit Küssen seines Mundes, denn deine Liebkosungen sind köstlicher als Wein. An Duft gar köstlich sind deine Salben; ausgegossenes Salböl ist dein Name. Darum lieben dich die Mädchen. Zieh mich dir nach, lass uns eilen! Der König möge mich in seine Gemächer führen! Wir wollen jubeln und uns freuen an dir, wollen deine Liebe preisen mehr als den Wein! Mit Recht liebt man dich (Hld 1,1-4 Schl).

Wow! Das war ja eine romantische Geschichte. Ich blieb an dem Satz hängen: *„Der König möge mich in seine Gemächer führen!"* Wie mag das wohl sein, von einem König erwählt zu werden? Wie lebt es sich in einem Schloss? In meiner Phantasie flossen Bilder aus Erzählungen und Schlossbesichtigungen, die wir als Familie gemacht hatten, zusammen. Dabei stellte ich mir vor, dass Gott als König in dem Schloss wohnt und ich da „hineingeboren" werde bei meiner Bekehrung. In den nächsten Minuten durchstreifte ich in Gedanken die verschiedenen Räume des Schlosses. Rückblickend erkannte ich, dass es wie ein Streifzug durch mein Leben war unter der Führung des Heiligen Geistes. Einen Teil der Bilder und Erinnerungen habe ich im nachfolgenden Gedicht eingefangen.

Ein Streifzug durch mein Leben

Der König möge mich in seine Gemächer führen!
Wir wollen jubeln und uns freuen an dir,
wollen deine Liebe preisen,
mehr als den Wein
(Hld 1,4b).

Das ist also meine Kinderstube,
mit einer Holzwiege, einer Spielecke,
einem Schaukelstuhl.

Hier hat meine Amme mich in den Armen gewiegt,
Schlaflieder gesungen,
die ersten Schritte gelehrt.

Ob mein Papa damals schon hierherkam,
um mir zuzuschauen,
mich zu bewundern
bei den ersten Malversuchen,
meinem kindlichem Geplapper zuzuhören?

Wie sieht die Kinderstube meines Lebens aus?
Ja, ich hatte Eltern als „Ammen“,
die mir von Kindesbeinen an
schon von der Liebe
des himmlischen Papas erzählten,

und die mir halfen
als ich acht Jahre alt war,
mein Leben Jesus Christus anzuvertrauen.

Dieses Schloss ist ja wirklich mein Zuhause!

Der Thronsaal

Das ist der Thronsaal!
Da wird man ja richtig geblendet
von den vielen Lichtern und Spiegeln,
dem Glanz und der Größe.

Der König sitzt auf dem Thron.

Der Hofstaat steht vor ihm
in prunkvollen Gewändern.

Da komme ja ich,
ein Kind an der Hand meiner Amme,

in Spitzen und Tüll gekleidet,
staunend, mit offenem Mund.

Wer ist dieser Mann auf dem Thron?
Jeder verneigt sich in Ehrfurcht vor ihm!
Nur wem er das Wort erteilt,
der wagt zu sprechen!

Er ist ein König,
das kann ich sehen.
Es funkeln die Perlen in seiner Krone,
er hält ein Zepter fest in der Hand.

Jetzt steht er auf,
ein Glanz erstrahlt,
alle beugen sich nieder.
Auch ich knie mich hin.
Was bedeutet das nur?

Ich betrachte sein Gesicht,
Kenne ich das nicht?
Es wirkt so vertraut und doch so fremd!

Da, der König schaut zu mir,
sein Blick findet mich kleines Kind,
voll Wärme und Freude sieht er mich an,
und jetzt erkenne ich ihn:

Das ist mein Papa!
Mein Papa ist König,
das wusste ich nicht!
Und ich bin sein Kind,
ein Königskind!

Wann habe ich meinen himmlischen Papa
in meinem Leben als König gesehen?

Ich erinnere mich
an Gottesdienste
als Kind.

Ehrfurcht und Stille erfüllt den Raum.
Dann erheben sich Stimmen
zart wie Glöckchen,
jubilierend und singend,
hier eine, da eine.
Sie verbinden sich zu einem Chor,
werden zu einer mächtigen Welle,
brausend und kraftvoll
wogt der Gesang durch den Raum.
Dann ebbt er ab,
liebliche Harfenmusik ertönt,
Geigen, Violinen.

Erstaunt sehe ich mich um.
Wir haben doch nur eine Orgel
und ein paar Trompeten.
Wo kommen denn die Saitenspieler alle her?

Über mir,
neben mir,
ein Singen und Klingen.

Der Himmelschor hat eingestimmt
in unseren Lobgesang.

Viele Leute sehen die Engel
mit Instrumenten in der Hand.
Ich höre sie nur.
Aber sie rühren mich an
auf seltsame Weise.
Ich möchte mich hinknien und anbeten:
meinen Papa und König.

Der Thronsaal ist auch mein Zuhause.

Der Speisesaal

Die Schlossführung geht weiter:

Hier ist der Speisesaal,
edles Silber auf dem Tisch,
kostbares Porzellan,
wie oft gab es hier rauschende Feste,
alle waren eingeladen,
alle wurden satt.

Ich erinnere mich an Konferenzen,
bei denen ich mein geistliches Bäuchlein vollgeschlagen,
die Gemeinschaft entdeckt und genossen habe,
freundschaftliche Bande knüpfte.

Der Speisesaal ist mir vertraut,
auch die Nischen,
wo der Tisch gedeckt war,
nur für mich.

Die Waffenkammer

Mir wird die Waffenkammer gezeigt,
Rüstungen in allen Größen,
Schwerter für Kinder,
Schwerter für Erwachsene.

Wann wurde mir das Kämpfen beigebracht?
Wann hat der König mich zur Schlacht mitgenommen?

Ich erinnere mich:
Als Teenager,
ich war umzingelt
von Monstern,
allein.

Dann kam der Kampf;
mein Papa lehrte mich
drei Wochen,

ein Kampf auf Leben und Tod,
und dann: Gesiegt! Gewonnen!

Ja, meine Waffenrüstung
habe ich auch aus dieser Waffenkammer!

Der Wirtschaftshof

Der Wirtschaftshof
ist mir ebenfalls vertraut.

Selbst der Königssohn
ist nicht gekommen,
um sich dienen zu lassen,
sondern um zu dienen.

Wir Königskinder tun es ihm gleich.
Hier an der Tür hängt mein Arbeitskittel.

Ich erinnere mich,
wie sehr ich mir gewünscht hatte,
helfen zu dürfen bei den „Lagerkindern“,
einem missionarischen Liebesdienst
unter Randgruppen.

Aber ich war doch erst zwölf Jahre
und bestimmt zu jung!
Heiße Gebete stiegen zum Himmel empor!
Und dann wurde ich gerufen!
Mir wurde eine Gruppe Kinder anvertraut!
Das war der Anfang.

Später in Hamburg:
Rocker, Drogenabhängige, Prostituierte;
Berlin: Teen Challenge;
und jetzt Gemeindedienst
an der Seite eines Pastors.
Auch der Wirtschaftshof ist mein Zuhause!

Ein besonderer Seitenflügel

Dann komme ich zu einem Seitenflügel,
der noch nicht zugänglich ist.

Die Tür ist verschlossen
und wird erst geöffnet,
wenn die Vorbereitungen
für die Hochzeit des Königssohnes
beginnen.

Hier angekommen, verspürte ich eine tiefe Gewissheit und Freude: Ich gehöre zum himmlischen König; er ist wirklich mein Vater. Mir wurde bewusst, in welch vielfältiger Weise Gott in meinem Leben gewirkt hatte und ich im Glauben heranwachsen durfte. Große Dankbarkeit erfüllte mich. Rückblickend weiß ich, dass genau dieses Wissen der Heilige Geist in mir festigen wollte, damit ich vorbereitet war auf das, was folgen würde.

Ich wandte mich wieder meiner Bibel zu und las noch einmal langsam und laut die ersten vier Verse aus dem Hohelied.

Dann schenkte mir der Heilige Geist ein inneres Bild. Er griff dabei auf die Vorstellungen zurück, die ich mir eben noch über das Schloss gemacht hatte. Er führte mich zu dem Nebengebäude, das in meiner Phantasie noch geschlossen war.

Doch jetzt lässt sich die Tür öffnen, als ich auf die Klinke drücke. Eine freudige Erregung bemächtigt sich meiner. „Die Vorbereitungen für die Hochzeit haben begonnen, die Tür ist geöffnet!" Erwartungsvoll trete ich ein. Über einen Flur komme ich in ein Zimmer, in dem viele verschiedene Gewänder hängen: Festkleider, Arbeitskittel und Rüstungen aller Größen. Das muss hier eine Art Umkleideraum sein, stelle ich fest. Na klar, für die Hochzeit brauchen wir alle auch Brautkleider! Was habe ich eigentlich an? Ich schaue an mir hinunter und sehe erstaunt, dass ich bereits ein wunderschönes weißes Brautkleid anhabe. Na, dann kann ich ja weitergehen.

Ich öffne die nächste Tür und weiß intuitiv, dass ich jetzt in den Empfangsraum sehen kann, aus dem der Bräutigam seine Braut abholen wird. Die gegenüberliegende Tür führt direkt in sein Gemach. Mein Herz beginnt schneller zu klopfen. Als ich meinen Fuß über die Schwelle setzen will, verspüre ich ein Unbehagen. Was ist los? Ist vielleicht mit meinem Kleid etwas nicht in Ordnung?

Ich gehe zurück ins Umkleidezimmer und drehe mich vor dem Spiegel. Soweit ich sehen kann, ist mein Kleid fleckenlos und sauber. Mir fällt die Stelle aus der Offenbarung ein, dass der Braut feine Leinwand gegeben wurde, glänzend und rein (vgl. Offb 19,8). Aufs Sorgfältigste untersuche ich das Kleid. Es ist tadellos. Erleichtert wende ich mich wieder dem Empfangsraum zu. Doch auch jetzt vermag ich nicht einzutreten. Irgendetwas fehlt mir, aber was? Auch ein dritter Versuch bringt mich nicht weiter, und dann verschwindet das innere Bild.

Ich war tief erschüttert. Braut sein, das war mein Herzenswunsch solange ich denken konnte. Nicht nur, dass ich als kleines Mädchen davon geträumt hatte, eines Tages am Arm eines Prinzen über den roten Teppich geführt zu werden. Nein, auch in meinem Glaubensleben hatte das Wissen, dass Gott seine Gemeinde als Braut dem Sohn zuführen will, eine tiefe Sehnsucht in mir geweckt, „dabei zu sein". Und jetzt war ich nicht vorbereitet. Weinend kniete ich mich vor den Sessel hin und frage Gott: „Was fehlt mir? Gib mir die Antwort aus deinem Wort."

Endlich hörte ich leise die Stimme des Heiligen Geistes: Die Antwort ist in Hohelied 1,1-4, den eben gelesenen Versen, zu finden. Zum dritten Mal las ich die Verse, doch jetzt mit einer inneren Anspannung:

> *Das Lied der Lieder von Salomo. „Er küsse mich mit Küssen seines Mundes, denn deine Liebkosungen sind köstlicher als Wein. An Duft gar köstlich sind deine Salben; ausgegossenes Salböl ist dein Name. Darum lieben dich die Mädchen. Zieh mich dir nach, lass uns eilen! Der König möge mich in seine Gemächer führen! Wir wollen jubeln und uns freuen an dir, wollen deine Liebe preisen mehr als den Wein! Mit Recht liebt man dich"* (Schl).

Diesmal klang der Text nicht mehr romantisch, sondern sehr rätselhaft für mich. Fehlte mir ein Kuss? Ein Kuss des Bräutigams? Von welchen Salben wird hier gesprochen?

Inbrünstig betete ich darum, dass der Heilige Geist mir Offenbarung darüber geben würde. Ich konzentrierte mich auf den ersten Satz. *„Er küsse mich mit dem Kuss seines Mundes; seine Liebkosungen sind lieblicher als Wein."*

Wie sollte ich mir das vorstellen? Die Bibel beschreibt Gott als einen, der *„die Wasser in der hohlen Hand hält"*, dessen *„Füße wie glühendes Erz"* sind, der *„Augen wie Feuerflammen"* hat und dessen *„Schnauben die Fundamente der Welt aufdeckt"* (vgl. Jes 40,12; Offb 1,14; 2 Sam 22,16). Was bedeutet da ein Kuss oder gar Liebkosungen von ihm, und wie kann ER sie mir geben?

Der Heilige Geist erklärte mir, dass das Hohelied ein prophetisches Buch ist und durch die vielen Geschehnisse von den Büchern Mose bis hin zur Offenbarung eine Auslegung bekommt. Um den „Kuss" zu verstehen, sollte ich mir die Erschaffung des Menschen ansehen (vgl. 1 Mo 1,26a; 2,7).

Als Erstes wurde mir bewusst, dass es ganz alleine SEINE Idee war, einen Menschen nach seinem Bilde zu schaffen. Der zukünftige Mensch konnte daran nicht mitwirken.

Dazu nahm Gott einen Kloß Erde. Das ist nicht gerade das edelste Material, würde ich sagen. Dann formte er diesen

Erdkloß. Der Psalmist schreibt in Psalm 8,4, dass wir *„seiner Finger Werk"* sind. Ich stellte mir vor, wie er diesen Kloß mit seinen Händen zurechtklopfte und glattstrich. Dann hauchte er seinen Odem dem Menschen in die Nase. Nun, so ähnlich hatte ich es auch schon beim Erste-Hilfe-Kurs gelernt. Diese Übung fand ich nicht so appetitlich. Ich vergegenwärtigte mir dabei, dass Gott keinen Verletzten mit Atemstillstand vor sich liegen hatte, sondern nur einen Erdkloß. Doch dann passierte das unglaublich große Wunder, das die Bibel mit den schlichten Worten beschreibt: *„... so wurde der Mensch eine lebendige Seele."*

Wie ein Blitz durchfuhr mich die wunderbare Erkenntnis:

Auf **diese** Weise bereitet sich Gott seine Braut zu!

Es ist ganz allein SEINE Idee! Der Vater möchte seinem Sohn Jesus eine Braut zuführen. Sie muss seiner würdig sein, und die Zusammenführung soll aus einer innigen Liebesbeziehung erwachsen.

Wo findet er sie? Er nimmt auch hier den „Erdkloß", das Rohmaterial, welches die Gemeinde ist. Ihr haftet noch stark der Geruch des Irdisch-gesinnt-Seins an. Oft überbeschäftigt oder selbstzentriert, verwöhnt und undankbar fordert sie ihre vermeintlichen Rechte ein, statt der Liebe des Vaters zu vertrauen und sich beschenken zu lassen. Um von diesem unreifen Verhalten zu einer reifen, schönen Braut zu werden, braucht die Gemeinde den himmlischen Kuss, brauche ich SEINE Liebkosungen. Nicht meine Anstrengungen, nicht mein Bemühen, nicht meine guten Vorsätze bringen mich ans Ziel, sondern SEIN Küssen, SEINE Zuwendung und SEINE Liebe. Wie er den Erdklumpen in seine Hand nahm, um daraus *„einen Menschen nach seinem Bild"* zu formen, so hat er mich in seine Hände gezeichnet. Er hat mich berufen, er hat mich zu sich gezogen und zu seinem Kind gemacht. Das war der Anfang. Ich erinnere mich an meinen Streifzug durch das Schloss, d. h. durch mein Leben.

So wie er dem Erdkloß seinen Atem gab, gibt er mir unvollkommenem Christen, mit all meinen Macken und Schwächen, all meinen Kanten und Verformungen seinen Kuss, d. h. seine Liebe.

Als Braut darf ich darum bitten: „Küsse mich", und somit mein Einverständnis erklären; mehr nicht. Dann darf ich empfangen,

empfangen, empfangen – immer wieder neu. Ich darf mich lieben lassen.

Warum sollte ich nicht gleich darum bitten können? Ehrfürchtig bat ich: „Bitte, küss mich."

Und dann war es um mich geschehen. So, als wenn der ganze Himmel nur auf diesen Augenblick gewartet hatte, öffneten sich Schleusentore und führten mich in eine neue Dimension seiner göttlichen, unbegreiflichen, innigen Liebe.

So hatte es angefangen. Fünf Tage lang brachte mich die Bitte um einen Kuss immer wieder in eine intensive, unbeschreiblich köstliche Gegenwart. Es waren Tage besonderer Gnade. Danach ließ die Intensität nach, aber es war nicht das Ende. Vielmehr war es so, als hätte ich neues Land entdeckt, das ich jetzt nach und nach in Besitz nehmen kann. Dabei geht es darum, sich lieben zu lassen.

Wie oft hatte ich mich angestrengt, Jesus zu lieben! Wie oft hatte ich gefühlt, wie schwach und arm meine Liebe ist! Hier ist die gute Nachricht: Jesus, der himmlische Bräutigam, will mich *zuerst* mit seiner Liebe beschenken. Er will meinen Liebestank füllen. Er will mich liebkosen und mir Worte zuflüstern, die mir sein Herz offenbaren. Und indem er mich mit Küssen der Liebe bedeckt, gestaltet er mich um, erneuert und verändert mich; das sind seine Liebkosungen.

Ich kenne die Bilder vom Amboss oder der Weinpresse, wo wir behauen, beschnitten und der letzte Tropfen Saft aus uns herausgepresst werden soll. Diese Bilder lassen mich zurückschrecken, weil ich die Schmerzen scheue.

Wer setzt sich dem schon gerne und freiwillig aus?

Veränderungsprozesse erleben wir immer als schmerzhaft, doch brauchen wir Veränderung, wenn wir in sein Bild verwandelt, wenn wir Jesus ähnlich werden sollen. Aber wenn wir von seiner Liebe durchdrungen werden, wenn wir die Breite, Tiefe, Höhe seiner Liebe entdecken, dann erleben wir die Veränderung wie Liebkosungen. Es ist seine Güte, die uns zur Umkehr leitet.

Ich habe seitdem nicht mehr aufgehört zu bitten: „Küsse mich." Und Er hat mich geküsst! Er ist so wundervoll und treu.

Mein Leben ist seitdem nicht mehr dasselbe. Es ist ein fortwährender Prozess: Ich werde verändert und immer verliebter.

Im Nachfolgenden habe ich einiges aus meinem Tagebuch mitgeteilt, was ich selbst erlebt habe, als Jesus anfing, mich zu küssen. Ausgangspunkt dazu waren weitere Verse aus dem Hohelied. Das Hohelied beschreibt einerseits die Liebe zwischen König Salomo und einem Hirtenmädchen namens Sulamith. Aber gleichzeitig beschreibt es auch die Liebe zwischen der Gemeinde als Braut und dem himmlischen Bräutigam Jesus.

Die ersten vier Verse möchte ich „Gipfelverse" nennen. Von einem Gipfel aus hat man einen guten Überblick. Man kann von dort aus schon die Gipfel der dahinter liegenden Berge sehen. So werden uns in Hohelied 1,1-4a vier Gipfel gezeigt, indem uns vier Offenbarungen über den Bräutigam gegeben werden. Die acht Kapitel danach zeigen uns den Weg zum Gipfel. Über den ersten Gipfel habe ich jetzt schon berichtet; das sind die Küsse des Bräutigams und seine Liebkosungen.[1]

Die nächsten vier Kapitel beschreiben den Weg zum ersten Gipfel. Während die Braut den Weg beschreitet, geschieht eine Veränderung mit ihr. Ist sie zuerst noch schwach, unreif und selbstzentriert, entwickelt sie sich mit der Zeit zu einer leidenschaftlichen und hingegebenen Liebhaberin. Möchten Sie sich mit mir auf den Weg machen? Ich bete darum, dass der Heilige Geist Ihnen beim Lesen begegnet, wie er mir begegnet ist.

> *Er küsse mich mit dem Kuss seines Mundes, denn deine Liebkosungen sind köstlicher als Wein* (Hld 1,2-4a Schl).

Sie werden Ihre eigene Geschichte erleben – und ich mache Ihnen Mut: Schreiben Sie ein Tagebuch. Nicht unbedingt, um es zu veröffentlichen; es wird Sie aber selber immer wieder inspirieren und segnen, wenn Sie Ihre persönliche Liebesgeschichte nachlesen können.

---

[1] Anm.: Die Schlachter-Übersetzung ist die einzige, die statt „Liebe" „Liebkosung" schreibt. Interessanterweise hatte ich diese Ausgabe damals, obwohl ich sonst in der Lutherbibel oder in der Elberfelder Bibel lese.

Zwiegespräche zwischen Braut und Bräutigam

Gewaschen von seinen Küssen

Warum weinst du?
Ich weine nicht, oder doch?

Meine Tränen mischen sich mit seinen Küssen;
er badet mich in seiner Liebe,
ER wäscht mich – wovon?
ER wäscht mich von den Blicken,
den vielsagenden, bedeutungsvollen,
den Blicken, denen keine Worte folgten,
Blicke, die mich herausfordern sollten
mich zu verteidigen
oder zu erklären –

skeptische Blicke,
richtende Blicke,
spöttische Blicke,
stolze, arrogante Blicke.

Wer hat dir das angetan?

Wer?
Die Töchter Jerusalems!
Nicht die Fremden, nicht die Gottlosen,
nicht die Welt, und nicht meine Feinde!

Es waren die Töchter Jerusalems,
Töchter meines Vaters,
Menschen, denen ich vertraute,
Christen, die mich erkennen –
mich annehmen – sollten
als eine der Ihren,
als Tochter.

Doch sie sahen nur –
dass ich schwarz bin.

Ihr Töchter Jerusalems, seht mich nicht an,
weil ich schwärzlich bin,
weil die Sonne mich gebräunt hat!
Meiner Mutter Söhne fauchten mich an,
setzten mich als Hüterin der Weinberge ein.
Meinen eigenen Weinberg habe ich nicht behütet
(Hld 1,6).

Was wisst ihr über mein Leben?
Was wisst ihr über meine Vergangenheit?
Was wisst ihr von dem Schmerz,
der erbarmungslosen Sonne ausgesetzt zu sein?
Ausgeliefert zu sein!
Fortgeschickt zu werden!

Ich konnte mich nicht um mich selber sorgen
und hatte niemand, der sich um mich sorgte.

Schwarz bin ich und doch anmutig,
ihr Töchter Jerusalems,
wie die Zelte Kedars,
wie die Zeltdecken Salomos
(Hld 1,5).

Aber jetzt ist alles anders.
Ich bin schwarz und doch anmutig!

ER sagt es!
ER, der mich mit Küssen zudeckt
und nicht bloßstellt.

ER legt seine Arme um mich
und hüllt mich ein in Liebe.
Seine Blicke streicheln mich,
Seine Hände liebkosen mich.

ER schreckt nicht zurück,
ER weicht nicht aus.
Ganz nah lässt ER mich kommen.

Siehe, du bist schön, meine Freundin,
Siehe, du bist schön!
(Hld 1,13).

Seine Worte waschen mich,
seine Liebe reinigt mich
von meinem Schmerz,
von meiner Wut,
von meiner Trauer,
von meinem falschen Selbstbild.

Ihr Töchter Jerusalems,
ich zürne euch nicht mehr.
Ich vergebe euch.

Denn ich bin sein
und er ist mein.

Segnungen seiner Hand

Ich bin eine Narzisse von Scharon,
eine Lilie der Täler.

Wie eine Lilie unter den Dornen,
so ist meine Freundin unter den Töchtern.

Wie ein Apfelbaum unter den Bäumen des Waldes,
so ist mein Geliebter unter den Söhnen.
In seinem Schatten zu sitzen gelüstet es mich.
Und seine Frucht ist meinem Gaumen süß.

Stärkt mich mit Traubenkuchen.
Erquickt mich mit Äpfeln,
denn ich bin krank vor Liebe
(Hld 2,1-3.5).

Warum tadelt ihr mich?
Warum sagt ihr, ich soll sein Angesicht suchen
und nicht seine Hand?

Seht ihr nicht,
dass ich krank bin und keine Kraft in mir ist?
Wie soll ich aufstehen und ihn suchen?

Ist es dann so verkehrt, seine Äpfel zu genießen,
die doch eine Frucht seines Baumes sind?
Ist es verkehrt,
mich zu stärken und zu erquicken
von den Gaben aus seiner Hand?

Mit Sehnsucht sehnt sich mein Herz nach ihm.
Aber er lässt mich warten ...
So betrachte ich die Werke seiner Hände.
Sie sind Zeugen
seiner Pracht und Herrlichkeit.
Sie verkünden seine Taten und seinen Ruhm!

Hat nicht ER die Sonne gemacht?

Wie ein Bräutigam aus seinem Gemach
tritt sie hervor;
sie freut sich wie ein Held,
die Bahn zu durchlaufen
(Ps 19,6).

Ich stärke mich an diesem Bild.
Ich sättige mich an dem Werk seiner Hände.

Sein ist das Meer; er hat es ja gemacht,
und das Trockene,
seine Hände haben es gebildet
(Ps 95,5).

Mächtiger als das Tosen gewaltiger Wasser,
wuchtiger Brecher des Meeres,
mächtiger ist der Herr in der Höhe
(Ps 93,4).

Wie klein fühle ich mich da,
wie ohnmächtig.
Ist es wirklich wahr,
dass du, großer Gott,
mich bei meinem Namen gerufen
und gesagt hast: „Du bist mein"?

In meinem Herzen singt es,
in meinen Ohren klingt es:
Es ist wahr!
Es ist wahr!

Stärkt mich mit Traubenkuchen.
Erquickt mich mit Apfelkuchen,
denn ich bin krank vor Liebe
(Hld 2,5).

ER kann warten

(nach Hld 2,8-14)

Heute habe ich mich in mein Haus eingeschlossen

und sehne mich doch nach draußen,
nach Freiheit,
nach Durchatmen.

Aber ich kann nicht;
etwas hält mich zurück.
Ist es Scham?
Hat es überhaupt einen Namen?

Doch horch, mein Geliebter,
er ist auf dem Weg zu mir.

Siehe, da kommt ER,
springt über die Berge,
hüpft über die Hügel.
Mein Geliebter gleicht einer Gazelle
oder einem jungen Hirsch
(Hld 2,8).

Wie leichtfüßig Er die Hindernisse nimmt,
die mir unüberwindlich scheinen,
Furcht einflößend vor mir aufragen.
Wie gerne schaue ich ihm zu;
ich möchte werden wie ER!

Siehe, da steht er vor unserer Hauswand,
schaut durch die Fenster herein,
blickt durch die Gitter.
Mein Geliebter erhebt seine Stimme
und spricht zu mir:
„Mache dich auf, meine Freundin,

meine Schöne, und komm!“
(Hld 2,9-10).

Ich würde so gerne kommen,
doch ich kann nicht.
Etwas hält mich zurück.
Kannst du warten,
mir die Zeit geben, die ich brauche?

Danke,
dass du nicht an die Tür geklopft hast.
Das hätte mich unter Druck gebracht.
Ich hätte mich verpflichtet gefühlt,
dir zu öffnen.
Heute bin ich nicht bereit,
dich zu empfangen.

Danke,
dass du warten kannst,
dass du mich nicht im Sturm erobern willst.
Das würde mich überfordern.

Du lockst mich.
Du wirbst um mich
in liebender Geduld.

Das lässt meine Ängste schmelzen;
die Scham muss ihren Griff lockern.
Dein Rufen in Sanftheit
ist die Stärke,
die mich zum Überwinder macht.

Mein Geliebter,
ich komme!

Der Mantel der Liebe

Kein warmer Pullover kann mich schützen,
wenn mein Herz friert.
Ich bin kaltgestellt.

Jede Berührung schmerzt mich,
auch die gut gemeinten,
helfen wollenden
Hände.

Der Schmerz sitzt zu tief.
Die Wunden sind zu groß.

Darum habe ich mein Herz geschützt
und eine Mauer drum herum gebaut.
Wie bei einem Knochenbruch
der Gips den Bruch ruhigstellt
und den Schmerz nimmt,
so muss auch ich
meinen Schmerz
jetzt nicht mehr fühlen.

Aber ich merke:
Wenn der Schmerz draußen bleibt,
bleibt auch die Freude draußen.

„Schmerz und Freude sind Zwillinge;
Eines gibt es nicht ohne das andere."
(Walter Trobisch)

Das macht mir Angst.
Ich werde hart
und möchte doch weich sein.
Ich werde kalt, gefühllos
und möchte lebendig, warm sein.

Und jetzt bist du gekommen,
mein Freund,
und hilfst mir
die Mauer einzureißen.
Es braucht nur mein Ja
und das Bollwerk fällt in sich zusammen.

Doch im nächsten Moment
spüre ich ihn wieder –
den eisigen Wind des Schmerzes,
schlimmer noch als je zuvor

Aber ich bin nicht allein.
Du bist da.
Schützend hast du deinen Mantel um mich gelegt,
den Mantel deiner Liebe.
Wärme umgibt mich,
Geborgenheit.
Noch nie habe ich mich so sicher gefühlt,
so gehalten,
von Stärke und Zärtlichkeit umgeben.

Wie ein Strom fließt die Wärme deiner Liebe
in mich hinein.
Dieser Liebesstrom
spült die Ereignisse meiner Vergangenheit
an die Oberfläche.
Wie einen Film sehe ich Szene um Szene.

Ich spüre keine Verurteilung,
keine Verdammnis
gegen mich
oder gegen die anderen.

Die Liebe umarmt und umfasst das Kranke,
um es zu heilen.
Die Liebe stellt alles klar,

ohne in gut und böse einzuteilen,
ohne schuldig und unschuldig zu sprechen.
Sie setzt reinigende Kraft frei:
So wie Licht stärker ist als die Finsternis (1 Joh 2,8)
und sie auflöst.

Feuer der Liebe!
Brenne in mir!

Hören auf die Stimme, die mich Geliebte nennt

Siehe, du bist schön, meine Freundin,
siehe, du bist schön,
deine Augen (leuchten wie) Tauben
hinter deinem Schleier hervor.

Dein Haar ist wie eine Herde Ziegen,
die vom Gebirge Gilead hüpfen
(Hld 4,1).

Deine Stimme ist süß
und deine Gestalt ist anmutig
(Hld 2,14b).

Ist das wirklich wahr?

Ich habe mich nicht für schön gehalten,
eher durchschnittlich,
schon gar nicht für etwas Besonderes
oder Herausragendes.

Obwohl ganz tief in mir,
ohne es mir selber einzugestehen,
oder darüber zu sprechen,
ich mir oft gewünscht
und ausgemalt habe,

wie es wäre,
wenn ich doch etwas Besonderes wäre,
irgendwie außergewöhnlich,
wenn ich etwas Bedeutungsvolles tun könnte.
Muss ich mich deswegen schämen?
Ist es verkehrt, so etwas zu denken?

Aber jetzt,
wo der König um mich wirbt,
mir seine Liebe schenkt,
mich auserwählt hat,
werden meine Träume übertroffen.

Ich bin besonders.
Ich bin schön.
Ich bin begehrenswert.
Ich bin wert geachtet
in seinen Augen!

Nicht,
weil ich Besonderes geleistet hätte,
nicht,
weil ich Wertvolles besitze,
nicht,
weil ich besonders begabt,
nicht,
weil ich erfolgreich bin,

sondern weil ich geliebt bin,
unverdient,
bedingungslos.

Wenn tief in mir
eine Stimme anderes behauptet,
zu beweisen versucht,
mich anklagt,
erinnert,

mit anderen vergleicht,
wenn Stimmen von außen
mich belächeln,
beneiden,
zornig auf mich sind,
dann höre ich auf dich,
auf seine Stimme
jeden Tag neu,
die mich „Geliebte" nennt,
die mich „schön" nennt.
Je länger ich dieser Stimme zuhöre,
je mehr Glauben ich ihr schenke,
umso schöner werde ich,
wirklich.

Geschaffen nach deinem Bild

Du hast mich geschaffen
von Meisterhand,
als Original.

Warum vergleiche ich mich mit anderen?
Warum versuche ich, mit anderen mitzuhalten?
Warum stoße ich mich an meinen Grenzen?
Warum schätze ich meine Möglichkeiten
als so gering ein?

Weil ich nicht glaube,
dass ich nach deinem Bild geschaffen bin,
nicht wirklich davon überzeugt bin?

Weil die Bilder anderer Menschen
so aufdringlich
um meine Gunst buhlen?

In dir – in deinem Angesicht,
in deiner Liebe,
sehe ich mich wie in einem Spiegel,
sehe die Wahrheit über mich.
Die Wahrheit macht mich frei
von den Lügengespinsten der Erwartungen,
die andere – und ich selbst – an mich haben.
Sie macht mich frei
von den Gaukelbildern falscher Versprechungen.

Denn deine Gnade war mir vor Augen,
und in deiner Wahrheit wandelte ich
(Ps 26,3).

Ich aber werde dein Angesicht schauen
in Gerechtigkeit,
werde gesättigt werden,
wenn ich erwache, an deinem Bilde
(Ps 17,15).

Du rufst mich mit meinem Namen.
DU – als mein Abba –
hast mich geküsst und liebkost
bei meiner Geburt.
Jeder Kuss ist eine Zuteilung des Lebens,
das seine Quellen in dir hat
und zu dir hinfließt.

Du hast mir Lebensraum zugeteilt:
Weite – Luft – Licht.
Wie ein Schmetterling sich aus dem Kokon befreit,
darf ich mich entfalten.
Wie ein Adler,
der sein Nest hoch auf den Felsen baut,
darf ich fliegen.

Niemals sollte ich wie ein Insekt
am Boden kriechen,
mit ständiger Angst
vor dem Zertretenwerden.

Niemals sollte ich gejagt wie ein Kaninchen
in der Sicherheit einer Höhle leben müssen,
wo ich mein Versteck
nur denen verrate,
denen ich ein bisschen
zu vertrauen wage
– manchmal.

Nein, ich darf leben!
Sichtbar
in der Ebene mich sonnen auf einem warmen Stein,
ohne aufgescheucht zu werden
wie eine Eidechse, die davonhuscht,
wenn ein Schatten auf sie fällt.
Denn du, mein Gott, mein Geliebter,
bist der Schatten über mir,
der mir Schutz gewährt (vgl. Ps 91,1).

Ich darf wie eine Gemse Berge ersteigen,
Neues wagen,
Höhe gewinnen,
denn du machst meine Knöchel fest,
dass sie nicht wanken.

Meine Schritte hielten sich in deinen Spuren,
meine Tritte haben nicht gewankt
(Ps 17,5).

Ich darf einstimmen
in das Jubellied einer Lerche,
die ihre Freude
wie einen Tanz in die Wolken setzt,

unbekümmert,
ob ihre Melodie anderen gefällt,
denn ihr Freudentanz
ist einzig für dich inszeniert.

Mit welchen Bildern kann ich noch beschreiben,
was du in mir hervorgebracht hast,
seit deine Liebe mich geküsst hat,
deine Liebkosungen mich auferweckt haben?
Immer neu sinne ich darüber nach,
staune,
danke,
wachse.

Wie kann ich seine Liebe empfangen?

Bevor wir den zweiten Gipfel ersteigen, will ich anhand der Kapitel aus dem Hohelied noch etwas ausführlicher den Weg zum ersten Gipfel betrachten.

Ich weiß aus eigenem Erleben, dass uns Zeugnisse anderer manchmal mehr frustrieren als ermutigen können, nämlich dann, wenn wir uns wünschen, ähnliche Erfahrungen zu machen. Doch Gott schreibt mit jedem seine eigene Geschichte. Ihre Erfahrungen werden ganz anders sein als meine. Aber da Gott seine Hand nach uns ausstreckt, können wir sicher sein, dass er nicht ins Leere greift, sondern uns findet. Es ist ja sein Wunsch, uns zu beschenken. Und wenn Sehnsucht in uns erwacht, dann deshalb, weil das der erste Schritt dazu ist und er damit unsere Aufmerksamkeit bekommt. Wenn wir uns fragen: *Wie* empfange ich denn seinen Kuss, *wie* empfange ich seine Liebe?, dann legt das Wort Gottes eine Spur. Es ist wahrlich *„ein Licht auf unserem Weg“* zum Gipfel.

Deshalb schauen wir uns einige Verse aus dem Hohelied an:

Schwarz bin ich und doch anmutig, ihr Töchter Jerusalems, wie die Zelte Kedars, wie die Zeltdecken Salomos.. Seht mich nicht an, weil ich schwärzlich bin, weil die Sonne mich gebräunt hat. Meiner Mutter Söhne fauchten mich an, setzten mich als Hüterin der Weinberge ein. Meinen eigenen Weinberg habe ich nicht gehütet (Hld 1,5-6).

In kurzen Strichen zeichnet Sulamith ihre Vergangenheit. Und in dieser Aussage „schwarz bin ich“ ist die Erkenntnis ihres Versagens enthalten, die Not aus ihren seelischen Narben und Wunden. Wie gut es unsere Eltern auch immer mit uns gemeint haben, keiner kommt ohne Blessuren durchs Leben – der eine mehr, der andere weniger. Die Braut stellt sich dieser Tatsache, indem sie eine Gegenüberstellung vornimmt: Ich bin schwarz – das stimmt –, aber doch anmutig. Andere übersetzen mit „lieblich“: „Ich bin lieblich.“ Woher hat sie diese Gewissheit? Von ihrem Bräutigam! Sie hat angefangen auf das zu hören, was er über sie sagt. Sie setzt sich noch zu Wehr gegen die Stimmen der Töchter Jerusalems, gegen ihre Blicke, sie fühlt sich noch genötigt, sich zu erklären und zu verteidigen, aber sie tut es auf die einzig richtige Art und Weise: Sie hält allen Angriffen die Worte ihres Geliebten entgegen. Er hat mich angenommen, er hat mich erwählt, er findet mich anmutig und lieblich. Und so beginnt ein Prozess in ihr. Sie fängt an, sich durch die Augen des Bräutigams zu sehen, und sie fängt auch an, ihn selbst zu erkennen.

In Vers 15 spricht der Bräutigam ihr zu: *„Siehe, du bist schön, meine Freundin, deine Augen sind Tauben.“* Im nächsten Vers antwortet sie darauf: *„Auch du bist schön, mein Geliebter, und hold.“* Bekommt sie Schönheit zugesprochen, öffnet das ihre Augen für seine Schönheit. Spricht er ihr Einzigartigkeit zu, indem er sie wie *„eine Lilie unter Dornen“* beschreibt, erkennt auch sie seine Einzigartigkeit und ruft freudig aus, er sei *„wie ein Apfelbaum unter den Bäumen des Waldes“* (vgl. Hld 2,2-3). Jedes Lob und jede Bewunderung, die sie empfängt, erneuern nicht nur ihre Wahrnehmung über sich selbst, sondern sind verbunden mit einem tieferen Verstehen und einer Offenbarung über ihren Geliebten.

Ich erinnere mich noch, wie früher manchmal Leute sagten: „Nun bewundere und lobe ein hübsches Kind nicht zu viel, sonst wird es noch ein eitler Pfau, eingebildet und stolz." Das mag manchmal zutreffend gewesen sein. Denn während einige Kinder aus Mangel an Bestätigung verkümmern, glauben andere, die ganze Welt drehe sich nur um sie, und halten das auch für normal. Und das gilt nicht nur für Kinder.

Doch wenn Jesus, der Bräutigam, uns lobt, wird es uns nie „schaden".

Jede Ermunterung, jede Wertschätzung und Bestätigung, jedes Lob führen uns zur Wahrheit: über uns selbst und über ihn.

Diese Wahrheit setzt uns frei (vgl. Joh 8,32). Es heilt uns da, wo wir ein zerbrochenes Selbstbild haben, und es reinigt uns von Arroganz und Stolz.

Die Bibel ist voll mit Liebeserklärungen Gottes an uns, sie ist sein Liebesbrief. Fangen wir an, diese Worte als einen „Kuss" zu empfangen und nicht nur zu lesen! Ich habe auf einem Eheseminar gehört, dass man herausgefunden hat, dass eine Umarmung mindestens 20 Sekunden braucht, wenn sie als solche bei uns nachhaltig „ankommen" soll. Fangen Sie mal an zu zählen, wenn Sie das nächste Mal jemand umarmt, vielleicht zur Begrüßung. Meist bleiben wir unter dieser Zeit. So braucht es auch etwas Zeit, wenn wir uns mit einem Bibelwort Gott hinhalten, dass nicht nur ein flüchtiger, sondern ein inniger Kuss daraus werden kann, bis unser Herz es ergreift.

Wenn wir zum Beispiel in Sprüche 8,31 lesen, dass die Weisheit (und damit ist Jesus gemeint – er ist uns gemacht zur Weisheit) *„Wonne an uns Menschenkindern hat"*, dann nehmen Sie das an. Sie sind sein „Wonnekind". Wenn solch ein göttliches Wort wie „du bist mein Wonnekind" unser Herz trifft, empfangen wir einen Kuss. Er liebt uns nicht, weil er muss und sich nun einmal so entschieden hat, nein, er hat Wonne an uns.

Seit knapp fünf Jahren habe ich Enkel und erfahre zum zweiten Mal die Freude, Kinder aufwachsen zu sehen. Wie viel Wonne erlebe ich, wenn ich ihnen zuschaue bei den ersten Gehversuchen, ihrem tapsigen Vorwärtsstolpern, das aus Hinfallen und Aufstehen besteht. Ich weiß, es wird nicht lange dauern, bis sie durch die Wohnung fegen werden und wir einiges in Sicherheit bringen müssen. Jeder Versuch wird mit ermutigenden Worten begleitet und feuert die Kleinen an, weiterzumachen. Genauso schaut der Vater im Himmel uns zu, er hat jetzt schon seine Wonne an uns, auch wenn wir manchmal mehr schlecht als recht durchs Leben stolpern. Aber er weiß, dass wir uns entwickeln werden, dazu hat er seine Gnade bereitgestellt.

Genauso wichtig, wie für ein Kind die liebevolle Ermutigung der Eltern ist, ist es auch für unser geistliches Wachstum wichtig, diese liebevolle Ermutigung von unserem himmlischen Vater und Bräutigam zu hören. Ein Kind, das sich nicht geliebt weiß und das Gefühl hat, es seinen Eltern nie recht machen zu können, sie nie zufriedenstellen zu können, wird anfangen, diesen Mangel mit Anstrengung und Leistung auszugleichen. Genauso ist es auch in unserem geistlichen Leben. Wenn wir uns nicht zutiefst von Gott geliebt und angenommen wissen, werden wir in ein frommes Leisten, das wir dann oft als dienen bezeichnen, hineinkommen. Vielleicht werden wir treue und fleißige Diener, aber der Brautstand bleibt uns verschlossen. Beim Letzteren geht es nämlich um eine Beziehung und nicht um Leistung.

Und deshalb lockt der Bräutigam seine Braut immer wieder in seine Nähe, umwirbt sie, geht ihr entgegen und spricht zärtliche Worte in ihr Herz. Schauen wir uns die Entwicklung in Hohelied weiter an.

Das Werben des Bräutigams

Die Braut sagt:

Horch, mein Geliebter! Siehe, da kommt er, springt über die Berge, hüpft über die Hügel. Mein Geliebter gleicht einer Gazelle oder einem jungen Hirsch. Siehe, da steht er vor unserer Hauswand, schaut durch die Fenster herein, blickt durch die Gitter. Mein Geliebter erhebt seine Stimme und spricht zu mir: „Mache dich auf, meine Freundin, meine Schöne, und komm! Denn siehe, der Winter ist vorbei, die Regenzeit ist vorüber, ist vergangen. Die Blumen zeigen sich im Lande, die Zeit des Singens ist gekommen ...

Meine Taube in den Schlupfwinkeln der Felsen, im Versteck an den Felsstufen, lass mich deine Gestalt sehen, lass mich deine Stimme hören! Denn deine Stimme ist süß und deine Gestalt anmutig (Hld 2,8-14).

Obwohl sie in den vorherigen Kapiteln mit ihrem Geliebten im Weinhaus war (Hld 2,4) und seine Zärtlichkeit empfangen hatte (Hld 2,6), hat sie sich jetzt in ihr Haus zurückgezogen. Sie schaut ihm vom Fenster aus zu und erfreut sich an seiner Fähigkeit, Berge und Hügel mit Leichtigkeit zu überwinden, aber sie geht ihm nicht entgegen. Ja, sie lädt ihn noch nicht einmal ein, hereinzukommen, sondern lässt ihn durchs Fenster zu ihr sprechen. Der Bräutigam wiederum nötigt sie auch nicht, sondern wirbt um sie und lockt sie. In vielen Bildern malt er ihr vor Augen, dass sie ein herrlicher Frühling erwartet und der Winter vorüber ist.

Und zum Schluss erklärt er ihr sein Wohlgefallen: *„Deine Stimme ist süß und dein Gestalt anmutig.“* „Egal, was du sagen wirst, egal, wie du gerade aussiehst, für mich bist du begehrenswert. Es erfreut mich schon, wenn ich deine Stimme höre; ich bin glücklich, wenn du dich mir zeigst“, das ist der eigentliche Sinn in dem zuletzt Gesagten.

Dies spiegelt den inneren Zwiespalt wider, in dem wir uns oft befinden. Wenn wir angefangen haben, Jesus kennenzulernen, gibt es Zeiten, in denen wir ihm gerne folgen. Aber oft merken wir auch, wie wir ihm noch nicht ganz vertrauen können. Wir wollen es gerne, aber wir können es nicht. Zu lange hat unsere Lebensgeschichte uns anders gepolt.

Jemand verglich unsere Bekehrung einmal mit einer Kiste, die wir Jesus übergeben: „Hier hast du mein ganzes Leben, es gehört dir.“ Jesus nimmt diese Kiste dankbar an. Später öffnet er sie und holt Stück für Stück die Inhalte heraus, zum Beispiel unsere Brieftasche oder unsere Träume, unsere Beziehung zu anderen Menschen oder unsere Weltanschauung, unsere Werte, unseren Erfolg oder unsere Erfahrungen. Dann ist es, als würde er sagen:

„Sieh dir das noch einmal an. Soll das wirklich alles mir gehören?“ So konkret gefragt, sieht die Sache dann oft anders aus. Wir fangen an zu differenzieren und antworten: „Also, diese Sache, die so schmerzhaft und aussichtslos ist, die kannst du gerne haben. Auch meine Sünden, negativen Erinnerungen und Ängste. Aber meine Zukunftspläne, ein Teil des Geldes und diese oder jene wichtige Beziehung, die hätte ich gerne noch eine Weile zurück.“ Und wir halten diese Dinge fest, **bis wir Vertrauen gewonnen haben**, dass Gott mit den Schätzen unseres Lebens besser umgehen kann als wir. In der Zwischenzeit entbrennt ein Kampf um das Vertrauen. Denn dort, wo wir ihm vertrauen und alles unter seine Herrschaft bringen, kann er an uns wirken, uns erneuern, heilen und dann auch senden.

Oft wollen wir lieber etwas für ihn TUN. Wir bieten ihm unsere Dienste an, aber Gott sagt: „Gib mir dein Herz, dein Vertrauen – dann habe ich alles. Und dann hast du auch alles von mir.“ Gott will immer alles von sich geben. Gott will nicht nur durch uns wirken, er will durch uns leben. Wir erhalten seine Wünsche, wenn wir unsere Wünsche loslassen. Wir erhalten seine Kraft, wenn wir unsere Kraft loslassen. Wir erhalten seinen Dienst, wenn wir unseren Dienst loslassen. Wem können wir so vertrauen, dass wir ihm alles überlassen können? Nur dem, bei dem wir uns zutiefst sicher sind, dass er uns liebt und gute Absichten mit uns hat.

Theoretisch haben wir das schnell kapiert – „Gott liebt uns über die Maßen, denn er hat sein Leben am Kreuz für uns gegeben“. Aber in der Praxis glaubt unser Herz das nicht. Die Ursachen dafür sind vielfältig und darum auch die Wege, diese Vertrauens- und Liebesbeziehung aufzubauen. Darum beginnt unser geistliches Wachstum auch mit dem Aufbau dieser Beziehung; darum brauchen wir die Küsse des himmlischen Vaters und des Bräutigams so nötig.

Wenn wir uns in unser „Haus“ zurückziehen, wie wir es bei der Braut im Hohelied gesehen haben, dann wirbt unser Bräutigam um uns, er lockt uns, immer und immer wieder. Er holt uns nicht mit Druck aus der Reserve. Er arbeitet nicht mit Angst, wie wir es oft bei Machtmenschen erleben. Er droht uns nicht oder spielt nicht seine Stärke und Überlegenheit gegen uns aus. Er macht uns kein schlechtes Gewissen wegen mangelnder Bereitschaft oder mangelnder Hingabe. Nein, er spricht uns zu, wie wertvoll und kostbar wir für ihn sind, er lässt uns kosten von seiner Zuneigung. *„Schmecket und sehet, dass der HERR gütig ist“* (Ps. 34,9a).

Und er hat ganz einfach Geduld. Als die Braut ihm zu dem Zeitpunkt nicht folgt, zieht er sich nicht beleidigt zurück und straft sie nicht mit ärgerlichem Schweigen. So ist Gott nicht. Deshalb kann die Braut schon zwei Verse später sagen: *„Mein Geliebter ist mein, und ich bin sein, der in den Lilien weidet“* (Hld 2,16). Sie weiß sich ihm zugehörig, sie weiß, dass er sie nicht fallen lässt durch ihre Zurückhaltung. Sie versteht nicht immer sein Handeln, aber sie lernt mehr und mehr ihm zu vertrauen. Sie lernt, nicht vor ihm davonzulaufen, sondern zu ihm hinzulaufen. Und nicht nur das, sie sucht ihn ausdauernd und leidenschaftlich. Das sehen wir gleich in Kapitel 3,1-2:

> *Auf meinem Lager zur Nachtzeit suchte ich ihn, den meine Seele liebt, ich suchte ihn und fand ihn nicht. „Aufstehen will ich denn, ich will die Stadt durchstreifen, die Straßen und die Plätze, will ihn suchen, den meine Seele liebt.“*

Das sind schmerzliche Stationen unseres Lebens, wenn wir uns alleingelassen fühlen, ihn suchen und nicht finden. Wenn Gott nicht da ist, wo wir ihn erwartet haben, wenn er unsere Gebete nicht so beantwortet, wie wir es erhofft haben. Dann machen wir uns auf die Suche. Was hier in ein paar Sätzen zusammengefasst ist, kann manchmal ein langer, schmerzlicher Weg sein. Doch dann erleben wir, dass der Bräutigam in Fürbitte für uns einsteht.

Die Fürbitte des Bräutigams

Wir finden bei Jesus und seinen Jüngern dazu eine Geschichte. Die Jünger hatten Jesus als den verheißenen Messias erkannt und erwarteten das Anbrechen des Königreiches. Nur WIE das aussehen sollte, davon hatten sie andere Vorstellungen als Jesus. Obwohl er an vielen Stellen versucht hatte, ihnen deutlich zu machen, dass es nicht ein äußeres Reich (*es kommt nicht mit äußeren Gebärden*), sondern ein inneres Reich ist (*Friede und Freude im Heiligen Geist),* war es nicht wirklich in ihr Bewusstsein eingedrungen. Immer wieder diskutierten sie darüber, wer zu seiner Rechten oder Linken sitzen dürfe oder wer der Größte unter ihnen sei (vgl. Lk 22,23). Sie verteilten sozusagen schon die Ministerposten, selbst nach dem Passahfest, als ihnen Jesus gerade die Füße gewaschen hatte. Mehrmals hatte er davon gesprochen, dass er leiden und sterben werde. Als es aber dann tatsächlich geschah, waren die Jünger davon wohl völlig überrumpelt.

Petrus war in seiner Liebe und seinem Eifer bereit, für seinen Herrn zu kämpfen und notfalls zu sterben – Hauptsache, dieser würde König werden. Als Jesus dann als Gefangener vor dem Hohen Rat steht und sich nicht aus dieser Situation befreit, bricht für Petrus eine Welt zusammen. Noch kurz zuvor waren die Häscher im Garten bei der Gefangennahme wie Zinnsoldaten umgefallen, als Jesus nur ein Wort sprach (vgl. Joh 18,6). Und jetzt steht er so hilflos da, lässt sich brutal schlagen. Petrus hatte ihm doch helfen wollen und zum Schwert gegriffen. Nun ja, sein Schlag war nicht so treffsicher gewesen und er hatte nur ein Ohr erwischt. Warum nur hatte Jesus sich nicht helfen lassen? Warum hatte er das Ohr geheilt und ihn angewiesen, sein Schwert wegzustecken? Jetzt ist es um ihn geschehen, nun ist er in den Händen der größten Feinde. Die hassen ihn schon seit langem und werden ihn jetzt sicher töten.

In Petrus tobt bestimmt ein wahnsinniger Kampf. Er versteht einfach nicht, was hier geschieht. Als die Magd behauptet, dass er auch mit Jesus gewesen ist, verleugnet Petrus ihn: „Ich kenne ihn nicht!"

Nein, DIESEN Jesus kennt er nicht. Petrus kennt nur einen, der immer alles im Griff hat. Schlagfertig hat Jesus jede knifflige Frage beantwortet, wenn die Schriftgelehrten ihm Fangfragen stellten, um eine Handhabe gegen ihn zu haben. Wenn Leute Steine aufhoben – was häufig geschah –, weil sie sich so sehr über ihn ärgerten, ging er einfach zwischen ihnen hindurch und niemand konnte seinen Stein werfen. Dämonen und Krankheiten,

Wind und Wetter, alles musste ihm gehorchen, über alles hatte er Autorität. Warum nicht jetzt? Was ist los?

Während diese Frage in ihm bohrt, überrollen ihn die Ereignisse. Hartnäckig bleibt die Magd mit ihrer Behauptung dabei, dass er auch einer „von denen" ist, die mit Jesus waren. Und genauso vehement verneint Petrus das. Es war jetzt auch für ihn gefährlich. Sein Eifer, zu leiden und zu sterben, war verflogen. Es musste schon eine große Sache sein, für die man sein Leben einsetzt. Aber was würde dabei herauskommen, wenn man ihn jetzt schnappen würde? Hatte er sich so getäuscht? Drei Jahre seines Lebens hatte er in die Nachfolge dieses Rabbis investiert – und es waren die schönsten Jahre seines Lebens gewesen. Aber warum nahm alles ein solches Ende? Warum lässt sich Jesus jetzt alles gefallen (vgl. Mk 14,60-64)? Warum schweigt er? Das machte doch einfach keinen Sinn!

Zweifel, Angst und Trauer zerfleischen sein Innerstes. Und wieder diese Behauptung der Magd: *„Du bist einer von ihnen."* Petrus verflucht sich und schwört: *„Ich kenne diesen Menschen nicht, von dem ihr redet"* (Mk 14,71). Und dann geschieht das Unfassbare:

> *Und während er noch redete, krähte der Hahn. Und der Herr wandte sich um und blickte Petrus an; und Petrus gedachte an das Wort des Herrn, wie er zu ihm sagte: Bevor der Hahn kräht, wirst du mich dreimal verleugnen. Und Petrus ging hinaus und weinte bitterlich* (Lk 22,60b-62).

Diese Erinnerung trifft ihn wie ein Faustschlag in die Magengrube. Hier läuft gar nichts verkehrt. Jesus hat immer noch über alles die Kontrolle. Genau diese Situation hatte er vorausgesehen. Jesus hatte gewusst, dass es so kommen würde. Er hatte auch gewusst, dass Petrus diese Situation über den Kopf wachsen würde, dass er das nicht mehr einordnen können und ihn deshalb verleugnen würde. Petrus hatte das nicht für möglich gehalten. Er hatte damals geglaubt, Jesus würde ihn für einen Feigling halten, und sich über seine Einschätzung gewundert.

Tränen laufen über sein Gesicht. Jetzt muss er allein sein. Fluchtartig verlässt er den Hof, bitterlich weinend und tief bekümmert. Bekümmert über sich selbst, bekümmert über all diese Geschehnisse. Dieser, sein vielgeliebter Rabbi Jesus! Was hatte er noch gesagt?

> *Ich habe für dich gebetet, dass dein Glaube nicht aufhört* (Lk 22,32).

Jesus, der voraussah, dass sein Jünger in eine Glaubenskrise kommen würde, trat als Hohepriester fürbittend für ihn ein. Als Petrus glaubte, seinen Meister verloren zu haben, und ihn in dem Gefangenen nicht mehr erkennen konnte, wurde er von den liebenden Augen Jesu gefunden, von dessen fürbittendem Herzen gehalten, damit der *„Feind ihn nicht sichten"* konnte *„wie den Weizen"* (vgl. Lk 22,32).

Haben wir das nicht auch erlebt? Jesus handelt einfach nicht so, wie wir es erwartet haben. Oder er schenkt uns seine Nähe und Gegenwart nicht dann, wenn wir sie gerne hätten. So wie Petrus haben wir ein bestimmtes Maß an Erkenntnis aus dem Wort Gottes erlangt. Jesus ist der Messias und kommt, um sein Reich aufzurichten. Schon Johannes der Täufer verkündet: „Das Reich Gottes ist nahe gekommen" (vgl. Mt 3,2). Na bitte, dann wird es Zeit, die Besatzungsmacht der Römer zu verjagen, oder nicht?

Doch Jesus wird zuerst die Herrschaft in den Herzen seiner Kinder und seiner Gemeinde aufrichten, um dann am Ende der Zeitalter auch die Herrschaft im sichtbaren Königreich auf Erden zu übernehmen.

Es brauchte nach der Auferstehung Jesu noch 40 Tage an Belehrung und Offenbarung, um in seinen Jüngern das Verständnis zu wecken und zu erweitern (vgl. Lk 24,44-46). Auch wir haben die Bibel studiert, Predigten gehört, Konferenzen besucht und Bücher gelesen. Dabei haben wir ein Maß an Erkenntnis erlangt, das dann mit Erwartungen verknüpft wird. Manchmal folgen wir den Erwartungen – ich werde geheilt, Gott wird die Situation ändern, er wird mein Gebet erhören – und stellen dann fest, dass diese so manches Mal nicht in Erfüllung gehen. Dann fragen wir: „Wo ist Gott? Warum hilft er nicht, warum lässt er sich nicht finden?" Und wir laufen durch die Straßen und Gassen unserer Erfahrungen und Einsichten.

Es geht uns wie der Braut: Wir suchen und wir finden ihn nicht. Das ist schmerzlich, das ist enttäuschend, das tut weh. Wir verstehen einfach nicht, warum *das* passiert, oder warum *das* nicht passiert.

Petrus ging wieder fischen (vgl. Joh 21,3). Es ist naheliegend, dass wir zu dem zurückgehen, was wir kennen, was uns Sicherheit gibt, was uns vertraut ist. Die Erwartungen wieder zurückschrauben, sich nicht so weit aus dem Fenster lehnen, dann kann man auch nicht enttäuscht werden.

In dieser für sie dunklen Stunde wacht der Bräutigam über seiner Braut. Er betet für sie. Er ist ihr Hohepriester. Er bittet und stärkt ihren Glauben. Sie ist umgeben von seiner liebenden Fürbitte. Das Gute ist, dass alle Gebete Jesu erhört werden.

Einem Petrus geht er nach und erwartet ihn am Strand mit einem Kohlefeuer nach dem Fischen (Joh 21,9). Die Braut, die ihre Suche nicht abbricht, findet schließlich doch noch den Weg, der zu ihm führt (Hld 3,4). Sie kann überhaupt nur suchen, weil sie bereits vorher von ihm gefunden wurde. Dies möchte ich mit einem Zeugnis veranschaulichen.

Das Lob des Bräutigams

Jesus hatte mir am Anfang meiner Liebesreise versprochen, mir SEIN Zuhause zu zeigen. Als ein echter Romantiker hat er diesem Erlebnis einen besonderen Rahmen gegeben.

Im September 2009 hatten wir in unserer Gemeinde Francois Botes zu Gast, der ein „singender Prophet" ist. Er ist ein professioneller Musiker mit dem Herzen eines Anbeters, verwurzelt im Wort Gottes. In dieser herrlichen Mischung tat er seinen segensreichen Dienst in unserer Gemeinde. Einige Menschen bekamen auch einen persönlichen Zuspruch, darunter ich. Er leitete sein Wort an mich mit dem Hinweis ein, Gott habe ihm gesagt, er solle für mich Musik machen.

> *Als er dann mit dem Klavierspiel begann, sah ich im Geist Jesus zu mir kommen. Er deutet mir an, dass jetzt der Zeitpunkt gekommen ist, um mich im Himmel seiner Familie vorzustellen.*

Dabei spricht er direkt zu meinem Herzen (und hörbar durch Francois Botes): „Ich bin so stolz auf dich. Du hast es gut gemacht, du hast es sehr gut gemacht."

Welch ein Moment! Wie oft hatte ich mir in meinem Leben gewünscht und gebetet, dass am Ende meiner Lebensreise Gott genau das zu mir sagen würde: „Du hast es gut gemacht!" Nun sprach er mir diese Worte jetzt schon zu.

Im nächsten Augenblick sehe ich eine unübersehbare Menschenmenge vor mir, die sich geteilt hat, sodass in ihrer Mitte ein Durchgang – wie ein Spalier – entsteht, durch den wir beide dann hindurchschreiten. Jesus hat seinen Arm um mich gelegt. Ein unbeschreibliches Glücksgefühl der Zusammengehörigkeit durchströmt mich: „Er ist mein und ich bin sein!" Zwischen uns fließt ein Strom der Liebe, des Verstehens und der Dankbarkeit. Jesus dankt mir für meine Liebe zu ihm! Ich finde keine Worte, diese Augenblicke angemessen zu beschreiben. Alle klatschen, die himmlischen Musiker spielen auf.

In diesem Moment bat Botes alle Musiker unserer Gemeinde, ebenfalls für mich zu spielen, und wiederholte mehrfach: „Der ganze Himmel jubelt und ruft: ‚Wir sind so stolz auf dich, du hast es gut gemacht. Du hast es sehr gut gemacht!'"

Als die himmlische und irdische Musik ineinanderflossen und ich eng an Jesus angelehnt durch die Menge schritt, erfasste ich, je länger je mehr, WAS ich „so gut gemacht" hatte.

Ohne Worte teilt sich das Herz Jesu mir mit, als er mir für meine Liebe dankt. Ich hatte es gut gemacht, wenn ich zu ihm gekommen war! Wenn ich zu ihm gelaufen kam, weil ich traurig oder wütend war. Wenn ich zu ihm gekommen war, weil ich etwas Schönes erlebt hatte und ihm das erzählte oder ihm dafür dankte. Wenn ich zu ihm gekommen war, weil ich Entscheidungen zu treffen hatte oder Rat brauchte. Wenn ich gekommen war, einfach so, um auszuruhen oder zu genießen. Wenn ich zu ihm gekommen war, nachdem ich was vermasselt hatte oder mich verletzt fühlte, in meinen schwachen und starken Momenten – immer wenn ich zu ihm gekommen war.

Wenn ich ihm alles anvertraut hatte, wenn ich ihn in mein Leben mit einbezogen hatte, dann hatte ich es „gut gemacht". Und als die himmlische Menge mir zujubelt, ist mir, als würden alle damit ausdrücken: „Genauso haben wir es auch gemacht!"

Das machte unsere Beziehung aus, das hatte uns so verbunden, das schätzte Jesus an seiner Braut so sehr – darum war er so stolz auf mich! Dieses, mein Kommen, war meine Antwort auf sein Rufen, dieses Kommen hatte uns einander näher gebracht. Hier zählte nicht, ob und wie viel mir von dem gelungen war, was ich getan hatte – das würde an anderer Stelle seinen Lohn finden. Ja, mein Dienst wird im Himmel auch belohnt, das lehrt die Bibel eindeutig. Botes sprach mir in seiner Prophetie auch Belohnung zu für verschiedene Dienste die ich getan hatte. Aber Lohn ist nur etwas für Diener, für Arbeiter. Liebe ist keine Arbeit, sondern eine Beziehung. Eine erfolgreiche Beziehung hat eine andere Grundlage als eine erfolgreiche Arbeit. Aber wenn ich gekommen war, konnte er mich „berühren". Seine Berührung (Liebkosung) verändert mich. Ist es dann noch verwunderlich, wenn ich danach auch befähigt werde, Gutes zu TUN? Aber am allermeisten brachte mich mein Kommen seinem Herzen näher. Das ist der Ort, an dem er sich mit seiner Braut vereinen will. Das ist das, was ewig zählt.

Liebe Leser, ich ermutige Sie, immer zu Jesus zu laufen, in allen Umständen, und sich von ihm küssen zu lassen, sich lieben zu lassen. Wie sehr erfreuen Sie damit SEIN Herz! Dabei hören Sie auf seine Stimme, die Stimme, die Sie „Geliebte(r)" nennt.

KAPITEL 3

Der Duft des Bräutigams: seiner Hingabe folgen

Nun können wir uns dem zweiten „Gipfelvers" zuwenden.

An Duft gar köstlich sind deine Salben (Hld 1,3a).

Hat der himmlische Bräutigam Salben oder Parfüm nötig?, so fragte ich mich. Sollte der Schöpfer aller Düfte und Wohlgerüche nicht selber auch ein einziger Duft sein? Von welcher Salbe wird hier gesprochen?

Als ich betend darüber nachsann – es war mir, wie gesagt, wichtig, nicht nur irgendeine Auslegung dafür zu bekommen, sondern ich wollte erkennen, warum ich in meiner Vision nicht fähig war, als Braut in die Brautkammer einzutreten –, zeigte mir der Heilige Geist die Geschichte von Jesu Salbung in Betanien.

> *Als aber Jesus in Betanien war, im Hause Simons, des Aussätzigen, kam eine Frau zu ihm, die ein Alabasterfläschchen mit sehr kostbarem Salböl hatte, und goss es auf sein Haupt, als er zu Tisch lag. Als aber die Jünger es sahen, wurden sie unwillig und sprachen: Wozu diese Verschwendung? Denn dies hätte teuer verkauft und der Erlös den Armen gegeben werden können. Als aber Jesus es erkannte, sprach er zu ihnen: Was macht ihr der Frau Mühe? Sie hat doch ein gutes Werk an mir getan; denn die Armen habt ihr allezeit bei euch; mich aber habt ihr nicht allezeit. Denn als sie dieses Salböl über meinen Leib goss, tat sie es zu meinem Begräbnis. Wahrlich, ich sage*

euch: Wo dieses Evangelium gepredigt werden wird in der ganzen Welt, wird auch von dem geredet werden, was sie getan hat, zu ihrem Gedächtnis (Mt 26,6-16).

Jesus selber legt die Bedeutung dieser Salbung fest: Sie ist zu meinem Begräbnis. Das Erstaunliche ist: Obwohl der angenehme, liebliche Duft das ganze Haus erfüllt, wird er von den Anwesenden nicht genossen. In ihren Nasen „riecht" es nach Verschwendung, sie ärgern sich und kritisieren die Frau. Wie kann das passieren? Die Jünger haben nicht wirklich verstanden, was hier geschah, weil dieser Duft nur von denen wahrnehmbar ist, die zu einer Hingabe befähigt sind, die aus Liebe geboren wurde. Nicht jedes Opfer ist durch Liebe motiviert:

Wenn ich in den Sprachen der Menschen und der Engel rede, aber keine Liebe habe, so bin ich ein tönendes Erz geworden oder eine schallende Zimbel. Und wenn ich Weissagung habe und alle Geheimnisse und alle Erkenntnis weiß und wenn ich allen Glauben habe, sodass ich Berge versetze, aber keine Liebe habe, so bin ich nichts. Und wenn ich alle meine Habe zur Speisung [der Armen] austeile und wenn ich meinen Leib hingebe, damit ich Ruhm gewinne, aber keine Liebe habe, so nützt es mir nichts (1 Kor 13,1-3).

Diese Textstelle sagt uns, dass es durchaus möglich ist, vieles zu opfern und vieles zu tun, ohne zu lieben. Wenn jemand den Armen Speise gibt, nimmt man eigentlich an, dass diese ihm nicht gleichgültig sind. Wenn jemand gar seinen ganzen Besitz investiert, um deren Hunger zu stillen, geht man davon aus, dass er kein gefühlloses, hartes Herz hat. Aber es kann trotzdem lieblos geschehen, d. h. ohne Liebe. Hier ist eine Motivation angedeutet, die darauf hinausläuft, „Ruhm zu gewinnen", und diese wird als nutzlos bezeichnet. Sie nützt dem Opfernden nichts, d. h. sie bringt ihm keine Anerkennung bei Gott, höchstens Ehre bei Menschen.

Wenn Liebe sich nicht an Taten messen lässt, woran kann man sie dann erkennen? Die weiteren Verse bringen uns die Antwort: Liebe wird an ihrem Wesen definiert!

Die Liebe ist langmütig, die Liebe ist gütig; sie neidet nicht; die Liebe tut nicht groß, sie bläht sich nicht auf, sie benimmt sich nicht unanständig, sie sucht nicht das Ihre, sie lässt sich nicht erbittern, sie rechnet Böses nicht zu, sie freut sich nicht über die Ungerechtigkeit, sondern sie freut sich mit der Wahrheit, sie erträgt alles, sie glaubt alles, sie hofft alles, sie erduldet alles (1 Kor 13,4-7).

Gott IST Liebe; er handelt nicht nur aus Liebe, sondern er IST Liebe (vgl. 1 Joh 4,16b). Das ist sein Wesen, das ist das Wesen des Bräutigams. Jesus sagt an einer Stelle über sich:

... lernt von mir! Denn ich bin sanftmütig und von Herzen demütig ... (Mt 11,29).

Dieses sanftmütige und demütige Herz offenbart sich in seiner ganzen Schönheit und mit dem köstlichen Duft am deutlichsten durch seinen Weg ans Kreuz (vgl. Phil 2,5-8). Er hat sich selbst erniedrigt, als er Mensch wurde und sich in die Hände von Sündern begab! Dies übersteigt bei weitem unser Fassungsvermögen. Er, der Schöpfer von Himmel und Erde, der mit dem Hauch des Mundes alles auslöschen könnte, wird ein kleines Baby. Hilflos vertraut er sich seinen Geschöpfen an, lässt zu, dass geschaffene Wesen ihn – IHREN Schöpfer –, anspucken, verlästern, bedrohen und umbringen. Er nimmt die Schmach freiwillig auf sich. Das kann nur ein Herz ertragen, das von seinem Wesen her durch und durch sanft und demütig ist, das Böses nicht zurechnet, das alles erträgt.

Denken wir an uns selbst. Wenn andere uns wie eine Fußmatte behandeln und auf uns herumtrampeln, zerstört es uns. Aber Jesus legt sich selber freiwillig hin, und jeder Tritt bringt einen wunderbaren Duft hervor. Dieser Duft bleibt vielen verborgen – den Jüngern damals und den Christen heute. Heute hieße die Anklage nicht mehr: „Welche Verschwendung!“, sondern: „Wie kannst du dir das nur gefallen lassen?“ Ja, wie konnte Gott sich die Behandlung der Menschen gefallen lassen? Wir sind schnell mit einer theologischen Erklärung bei der Hand: „Gott liebt uns und nahm die Strafe auf sich, damit wir erlöst werden.“ Das ist sachlich auch richtig, aber trotzdem frage ich noch einmal: „Wie konnte Gott sich das alles nur gefallen lassen?“

Weil er als der große, herrliche, allmächtige und furchterregende Gott gleichzeitig zutiefst demütig und sanftmütig ist. Das ist sein Wesen und auch das Wesen der Liebe. Diese Liebe bringt dann eine Hingabe hervor, die zu großen Opfern bereit ist, und nicht umgekehrt.

Maria opferte, als sie ihre Ersparnisse in Form dieser Salbe über Jesus ausgoss. Niemand hatte sie dazu gezwungen und es erwartet. Sie tat es auch nicht, um Leute zu beeindrucken – im Gegenteil, sie bekam ja heftigen Gegenwind. Ihr Herz hatte sie dazu getrieben, ihre Liebe zu Jesus. ER war ihr das wert. Jesus würde sein Opfer auf Golgatha bringen. So, wie sie die Alabasterflasche zerbrach, würde sein Leben gebrochen werden. Wir lesen diese Worte bis heute beim Abendmahl: „Dies ist mein Leib, der für euch gegeben wird“ (vgl. Lk 22,19). So, wie Maria das Öl über ihn ausgoss, würde er sein Blut für die Welt fließen lassen, und wie der Duft des Salböles das ganze Haus erfüllte, würde die Liebestat Gottes die ganze Welt erfüllen.

Jesus und Maria konnten einander verstehen und den Duft genießen. Die Leute, zum Teil auch die Christen, mögen über solche Opfer staunen, sie bewundern, vielleicht aber auch davor zurückschrecken oder sich darüber ärgern. Aber niemals könnten sie solche Opfer als „Duft“, d. h. als lieblich oder angenehm bezeichnen. Aber die Braut, die durch die Küsse ihres Bräutigams so viel Liebe in sich aufgenommen hat und als Antwort darauf Liebe zurückschenken kann, die Hingabe erlebt hat und sich selbst hingeben kann, nimmt einen Duft wahr, der für andere nicht wahrnehmbar ist. Es ist eine Hingabe aus dem demütigen Herzen, die mit dem Duft der Liebe umgeben ist. Wenn wir in Hohelied 1,3 von dem Duft der Salben lesen, verstehen wir jetzt ihre Bedeutung. Es geht um das Wesen des Bräutigams, das die Braut anfängt zu entdecken und das ihr eine bis dahin verborgene Offenbarung schenkt, die „köstlich“ ist.

Ich folge dir, wohin du auch gehst

(nach Hld 4,6-8)

Ich habe nur noch einen Wunsch:
bei dir zu sein.
Wo du bist,
ist mein Himmel.
Wo du bist,
ist mein Glück.
Wie kann ich das in Worte fassen?

Wenn der Tag verhaucht
und die Schatten fliehen,
will ich zum Myrrhenberg hingehen
und zum Weihrauchhügel
(Hld 4,6).

Der Myrrhenberg
war mir lange ein Schrecken.
Ich war dankbar,
sehr, sehr dankbar,
dass du dich geopfert hast,
auf deinem Myrrhenberg,
auf Golgatha,
dass du den Kelch der Leiden getrunken hast,
dass du gestorben bist
unter unaussprechlichen Qualen
wegen unserer Sünden,
damit wir Menschen
– ich eingeschlossen –
leben können.

Ich habe darüber geweint:
Was habe ich dir angetan
durch meine Sünden?

Jede Sünde
ist ein Schlag in dein Gesicht.

Ich habe gestaunt
über deinen Mut.
Du warst ja auch ganz Mensch.

Ich habe dich bewundert
wegen deiner Hingabe,
die nicht in Worten,
sondern im Sterben
sich offenbart.

Und ich habe mich gesorgt,
ob ich wohl mutig genug sein würde,
wenn von mir verlangt würde zu sterben,
weil ich an dich glaube.

Ich habe mich gefürchtet
vor dem Leiden.
Es reichte mir,
den Myrrhenberg
aus der Ferne zu betrachten.

Doch jetzt will ich zu ihm gehen,
ich will ihn ersteigen.
Ich bin nicht mutiger geworden.
Ich überschätze mich nicht.
Ich habe immer noch Angst.

Aber etwas zieht mich dorthin,
was stärker ist,
stärker als meine Furcht.

Ich nehme einen Duft wahr
der so lieblich und kraftvoll ist,
so berauschend und bezwingend,
dass mir das Gebrüll

der Löwen und Leoparden
wie ein Flüstern vorkommt:

Es ist der Duft deiner Salben.
Diesem Duft folge ich.

Der Duft deiner Salben ist gar köstlich
(Hld 1,3a).

Wenn wir versuchen Hingabe zu leben, ohne zuvor diese beschenkende Liebe geschmeckt zu haben, fehlt der Hingabe der „Duft". Folgende Geschichte veranschaulicht das.

Rahel und Lea

Es ist eine fast tragische Familiengeschichte.[1] Jakob hatte bei seinem Onkel sieben Jahre gearbeitet, um dessen Tochter Rahel heiraten zu können. Das war der Brautpreis. Rahel war *„schön von Gestalt und schön von Aussehen"*. Jakob war so in sie verliebt, dass ihm die sieben Jahre wie wenige Tage erschienen. Doch in der Hochzeitsnacht gibt ihm sein Onkel die ältere Schwester von Rahel, nämlich Lea, zur Frau. Erst am Morgen entdeckt Jakob den Betrug. Als er seinen Onkel zur Rede stellt, erfährt er, dass es nicht üblich ist, die jüngere Tochter vor der älteren zu verheiraten. Aber er verspricht ihm: Wenn er die Hochzeitswoche mit Lea aushält und bereit ist, weitere sieben Jahre bei ihm zu dienen, werde er am Ende der Feierlichkeiten auch Rahel zur Frau bekommen. Das sind in Kürze die Fakten, die für alle Beteiligten ihr eigenes Herzeleid mit sich brachten.

Für uns ist die Geschichte von Lea wichtig. Versetzen wir uns einmal einen Augenblick in ihre Lage. Jahrelang hat sie beobachten können, wie Jakob dem Augenblick entgegenfieberte, Rahel zu heiraten. Vielleicht hat sie davon geträumt, auch einmal so begehrt zu werden. Und dann wird sie von ihrem Vater gezwungen, die erste Hochzeitsnacht mit Jakob zu verbringen. In dieser

---

[1] vgl. 1. Mose 29.

Nacht weiß Jakob nicht, dass er getäuscht wird. Alle Liebkosungen und zärtlichen Worte sind an Rahel gerichtet, doch neben ihm liegt Lea im Bett. Wie mag sie sich gefühlt haben? Sie schenkt Jakob ihr höchstes Gut, ihre Jungfräulichkeit, und ist doch nie umworben oder geliebt worden. Auch wenn sie jetzt in seinen Armen liegt, gilt jeder Kuss nicht wirklich ihr, sondern ihrer Schwester. Sie gibt sich Jakob hin, doch diese Hingabe ist nicht eingebettet in Angenommensein und Herzenszuneigung. Wir lesen nicht, welche Gefühle Lea gegenüber Jakob hatte. Vielleicht war sie auch in ihn verliebt. Zumindest wollte sie später als seine Frau seine Zuneigung gewinnen. Als sie ihren ersten Sohn bekommt, nennet sie ihn Ruben. Der Name bedeutet „Seht, ein Sohn!" Rahel blieb vorerst unfruchtbar, was im Orient als ein Makel galt. Umso mehr hat Lea etwas vorzuweisen. Ich habe einen Sohn geboren, seht her! Jakob, sieh her, ich habe dir einen Erben geboren. Habe ich jetzt nicht deine Liebe verdient? Vielleicht hat sie jedes Mal, wenn Jakob das Kind auf den Arm nahm, gehofft, die Liebe zu seinem Kind würde auch ihr gegenüber erwachen.

Ihren zweiten Sohn nennt sie Simeon, was „hören" bedeutet. Wir lesen in Vers 33, dass sie sagt: *„Der Herr hat gehört, dass ich zurückgesetzt bin, so hat er mir auch den gegeben."* Als sie ihren dritten Sohn bekommt, sagt sie: *„Diesmal endlich wird sich mein Mann an mich anschließen, denn ich habe ihm drei Söhne geboren."* Sie nennt den dritten Jungen Levi, was von „sich anschließen" oder „Anhänglichkeit" abgeleitet wird. Es ist herzergreifend, zu lesen, wie sich das fortsetzt bis zum letzten Sohn. Immer wiegt sie sich in der Hoffnung, sich endlich die Liebe verdienen zu können.

Diese Geschichte lässt sich als Beispiel nur bedingt übertragen. Gott ist nicht wie Jakob; er liebt jeden ohne Ansehen der Person. Wir sind alle auserwählt von ihm, alle seine Lieblinge. Aber wenn wir anfangen, mit Gott zu leben, ohne vorher diese seine Liebe erfahren zu haben, werden wir – wie Lea – auf die eine oder andere Weise versuchen, uns seine Liebe zu verdienen. Als Christen wissen wir: Gott liebt uns, aber unser Herz kann das nicht fassen. Wir bemühen uns und haben trotzdem das Gefühl, Gott sei nicht zufrieden mit uns. Oft sind es die ernsthaften, eifrigen Christen, die sich aufrichtig bemühen, sich einsetzen und viel tun – immer in der Hoffnung, dadurch geliebt zu werden – und dann ausbrennen. Wenn wir wachsen und zunehmen wollen, sei es im Glauben, in der Salbung, im Dienst, müssen wir zuerst in der Liebe zunehmen, und zwar indem wir uns LIEBEN LASSEN. Das beginnt damit, dass wir wissen dürfen, dass wir von IHM umworben werden. Er hat uns erwählt, er begehrt uns. Deshalb bitten wir: Küsse mich mit dem Kuss deines Mundes. So gesättigt können wir uns hingeben, und unsere Hingabe wird dann einen angenehmen Duft haben.

Dem Duft des Bräutigams folgen

Begleiten wir die Braut auf ihrer Entdeckungsreise, als sie anfängt, dem Duft ihres Geliebten zu folgen.

> *Auf meinem Lager zur Nachtzeit suchte ich ihn, den meine Seele liebt, ich suchte ihn und fand ihn nicht. „Aufstehn will ich denn, will die Stadt durchstreifen, die Straßen und die Plätze, will ihn suchen, den meine Seele liebt." Ich suchte ihn und fand ihn nicht. Es fanden mich die Wächter, die die Stadt durchstreifen: Habt ihr ihn gesehen, den meine Seele liebt?" Kaum war ich an ihnen vorüber, da fand ich ihn, den meine Seele liebt. Ich ergriff ihn und ließ ihn nicht [mehr] los, bis ich ihn ins Haus meiner Mutter gebracht hatte und in das Gemach derer, die mit mir schwanger war* (Hld 3,1-4).

In Kapitel 1,16b sprach sie noch davon, dass „**unser** Lager frisches Grün" ist. Jetzt ist sie alleine. Als ihr Geliebter in Kapitel 2 an ihr Haus kam und sie durchs Fenster schaute, war sie nicht bereit, seiner Einladung zu folgen. Jetzt, mitten in der Nacht, möchte sie aufstehen und ihn suchen. Es ist etwas mit ihr passiert, eine Veränderung hat in ihr stattgefunden. Sagte sie früher noch: „*Bitte stärkt mich mit Traubenkuchen und Apfelkuchen, denn ich liege krank vor Liebe*" (Hld 2,5), ist sie jetzt bereit, aufzustehen. Sie hatte ihren Freund ja mit einem Apfelbaum verglichen (vgl. Hld 2,3). Deshalb sind Apfelkuchen Gaben, Segnungen von Ihm. Jetzt möchte sie mehr: Sie möchte IHN selbst, sie hat Sehnsucht nach IHM. Im Herzen hat die Liebe ihres Freundes etwas hervorgebracht. Sie will nicht mehr nur *„in seinem Schatten sitzen"* und die *„Frucht genießen, die ihrem Gaumen so süß ist"* (Hld 2,3), nein, sie möchte ihn selbst.

Natürlich sind auch seine Segnungen wunderbar. Gott gibt sie uns auch in Fülle. „Esst, trinkt", lädt er uns immer wieder ein. Aber es ist nur ein Vorgeschmack. Wenn schon sein Schatten so angenehm ist, wenn seine Gaben so gut schmecken, wie köstlich muss die Begegnung mit ihm selbst sein? Wie wird es sein, wenn ich dem begegne, der mich so liebt? Also steht sie auf und sucht ihn. Das ist interessant. Sicher kennen wir auch so ein inneres „Aufstehen". Vielleicht waren wir auf einer Konferenz, haben ein Buch gelesen oder hatten eine Begegnung. Irgendetwas hat uns aufgewühlt. Wir machen uns dann auf die Suche, aber manchmal finden wir nicht gleich das, wonach wir suchen. Manchmal geben wir auf, bevor wir es gefunden haben, weil uns anderes als Sehnsucht und Liebe gezogen hat. Vielleicht war unser Gewissen angeregt worden oder unser Pflichtgefühl, vielleicht waren wir auch einfach nur begeistert oder angefeuert durch das Zeugnis anderer.

Ist die Sehnsucht aber durch den Kuss des Bräutigams geweckt worden, geben wir nicht mehr auf. Selbst wenn die „Wächter", die wir uns zum Vorbild genommen haben, die „Erfahrenen" uns nicht weiterhelfen können, wir bleiben dran. Der himmlische Kuss bringt eine Sehnsucht in uns hervor, die nur von ihm selbst gestillt werden kann. Hier lesen wir dann, wir sie ihren Geliebten doch endlich findet und ergreift, um ihn nicht mehr loszulassen Jeder, der länger mit Gott geht, kennt auch Dürre- und Wüstenzeiten. Gott lässt sie zu. Wenn wir nach solch einer Zeit wieder im satten Grün seiner Nähe leben, werden wir sehr sorgfältig darüber wachen, den Heiligen Geist nicht leichtfertig zu betrüben. Zu kostbar ist uns seine Gegenwart, wenn wir sie schmerzlich lange gesucht haben. Und so auch hier: Sie lässt ihn nicht mehr los. Doch noch ein weiterer Aspekt ist von Bedeutung:

Ich ergriff ihn und ließ ihn nicht mehr los, bis ich ihn ins Haus meiner Mutter gebracht hatte und in das Gemach derer, die mit mir schwanger war (Hld 3,4).

Sie nimmt ihn an den Ort ihres „Gewordenseins" mit. Das ist nicht räumlich zu verstehen, sondern betrifft die Entwicklung ihrer Persönlichkeit, ihres Wesens – von ihrem Ursprung her.

Wenn wir Jesus kennenlernen, beginnt ein neuer Abschnitt unseres Lebens. Trotzdem ist es wichtig, ihm auch unsere Vergangenheit offenzulegen, ihn „mitzunehmen" in die verschiedenen Lebens- und Wachstumsphasen.

Das Wesen des Bräutigams

In den nächsten Versen (Hld 3,6–4,5) wird dann beschrieben, wie Braut und Bräutigam sich „erkennen". Die Braut erhält eine Offenbarung über das Wesen ihres Bräutigams, was die Voraussetzung für die nachfolgende Entwicklung ist, die ab Hohelied 4,6 beschrieben wird. Wir werden später noch sehen, wie es zu einem Wendepunkt kommt, als die Braut von sich aus eine Absichtserklärung bekannt gibt:

Wenn der Tag verhaucht und die Schatten fliehen, will ich zum Myrrhenberg hingehen und zum Weihrauchhügel (Hld 4,6).

Doch jetzt wollen wir uns die Offenbarung anschauen, die ihr zuteilwird (vgl. Hld 3,7-11). Sulamith beschreibt Salomon in seiner Pracht als König. Als ich damals um eine Auslegung bat, wurde ich zu Texten aus der Offenbarung geführt, wo Jesus von Johannes auch als König auf dem Thron beschrieben wird. Johannes schreibt:

Sogleich war ich im Geist: Und siehe, ein Thron stand im Himmel, und auf dem Thron saß einer. Und der da saß [war] von Ansehen gleich einem Jaspisstein und einem Sarder, und ein Regenbogen [war] rings um den Thron, vom Ansehen gleich einem Smaragd (Offb 4,2-3).

Lesen Sie einmal das ganze vierte Kapitel, um einen kleinen Geschmack von der Herrlichkeit, Majestät, Heiligkeit und himmlischen Dimension zu bekommen. Doch dann wird uns König Jesus vorgestellt – der, der würdig ist alle Macht, Ehre, Reichtum, Weisheit und Stärke zu empfangen. Er wird uns als Lamm gezeigt, als ein Lamm, das geschlachtet ist.

Und ich sah inmitten des Thrones ... ein Lamm stehen wie geschlachtet ... Und es kam und nahm [das Buch] aus der Rechten dessen, der auf dem Thron saß ... Und sie singen ein neues Lied und sagen: Du bist würdig, das Buch zu nehmen und seine Siegel zu öffnen, denn du bist geschlachtet worden und hast durch dein Blut für Gott erkauft aus jedem Stamm und jeder Sprache und jedem Volk und jeder Nation und hast sie unserem Gott zu einem Königtum und zu Priestern gemacht, und sie werden über die Erde herrschen! (Offb 5,6-10; vgl. Offb 5,12-14; 7,17).

Es war mir vorher noch nie so aufgefallen, aber das ganze Offenbarungsbuch hindurch wird immer wieder von dem Lamm gesprochen.

Unsere Namen werden in das Buch des Lebens, des geschlachteten Lammes von Grundlegung der Welt an, geschrieben (Offb 13,8).

Die Braut wird mit einem Lamm verheiratet: *„... denn die Hochzeit des Lammes ist gekommen, und sein Weib hat sich bereit gemacht“* (Offb 19,7b; vgl. 21,9).

Die 144 000, die als Erstlingsfrucht für Gott und das Lamm erkauft wurden, sind diejenigen, *„die dem Lamm folgen, wohin es auch geht“* (Offb 14,4b). Die Erlösten stehen vor dem Thron und dem Lamm. Das Lamm wird sie hüten und sie leiten zu den Wasserquellen des Lebens (vgl. Offb 7,9.17).

> *Würdig ist das Lamm, das geschlachtet worden ist, zu empfangen die Macht und den Reichtum und Weisheit und Stärke und Ehre und Herrlichkeit und Lobpreis* (Offb 5,12).

Die Macht und Stärke gebührt dem Lamm. Jesus wird uns in der Offenbarung nicht als Löwe vorgestellt. Nur einmal, in Kapitel 5,5, wird zu Johannes gesagt:

> *Siehe, es hat überwunden der Löwe aus dem Stamm Juda, die Wurzel Davids, um das Buch und seine sieben Siegel zu öffnen.*

Aber als Johannes aufsieht, erblickt er ein Lamm.

Wenn die Braut über Jesus als Lamm Offenbarung bekommt, wenn sie seine Lammesnatur als sein Wesen erkennt, fängt sie an, den Duft der Salben, die so köstlich sind, wahrzunehmen. Und es braucht Offenbarung dazu. Diese Lammesnatur ist unserer menschlichen „Wolfsnatur" so entgegengesetzt, dass wir sie nicht als begehrenswert ansehen. Obwohl wir in den Geschichten vom guten Hirten uns gerne mit dem Schaf identifizieren, das gesucht und gefunden, versorgt und getragen wird, verbinden wir mit Lammesnatur eher ein „dummes Schaf". Das ist ein geläufiges Schimpfwort, und wer damit betitelt wird, fühlt sich als Trottel. „Der ist ja nicht ernst zu nehmen, mit dem kann man machen, was man will."

So jedenfalls ist es mir ergangen. Es gab eine Zeit, als ich auf meiner Arbeitsstelle gemobbt wurde. Damals gab es dieses moderne Wort noch nicht dafür, aber es gab schon solches Verhalten. Ich wusste, dass es für mich nicht an der Zeit war, meinen Platz zu räumen, sondern ein Training zum Überwinden (was bitte nicht als allgemeingültige Lösung – oder gar besonders geistlicher Weg – beim Mobbing zu verstehen ist; manche Mobbingopfer tun gut und richtig daran, ihren Platz zu wechseln).

Doch wie wird man zum Überwinder? Als Tag für Tag der Druck zunahm durch Verleumdung, falsche Schuldzuweisung, Ausgrenzung und Ungerechtigkeit, tobte in mir ein wahnsinniger Kampf. Sollte ich mir das gefallen lassen oder nicht? Was würde Jesus an meiner Stelle tun? Natürlich kamen mir Bibelverse in den Sinn, wie:

Widersteht nicht dem Bösen, sondern wenn jemand dich auf deine rechte Backe schlagen wird, dem biete auch die andere dar (Mt 5,39).

Vergeltet nicht Böses mit Bösem (1 Pt 3,9).

Ich sage euch: Liebt eure Feinde, und betet für die, die euch verfolgen, damit ihr Söhne eures Vaters seid, der in den Himmeln ist! (Mt 5,44.45a).

Liebt eure Feinde und tut Gutes ... (vgl. Lk 6,35).

... vergebt einander von Herzen ... (vgl. Mt 18,35).

... siebzigmal sieben [Mal] ... (Mt 18,22).

Es ist eine Sache, in einer Bibelarbeit darüber zu diskutieren, was das bedeuten mag, aber eine andere, das in konkreten Situationen umzusetzen.

Böses nicht zu vergelten, nicht mit gleicher Münze heimzuzahlen, so weit konnte ich mich disziplinieren. Aber alles in mir schrie nach Aufklärung und Gerechtigkeit. Vergeben musste ich ja wohl – sonst würde Gott meine Sünden auch nicht vergeben. Aber hoffentlich machte Gott dann auch von dem Wort Gebrauch: „*... die Rache ist mein ...*“ (vgl. Röm 12,19). Also versuchte ich jeden Tag mich zur Vergebung durchzukämpfen, nur um bei der nächsten Attacke die Auferstehung meiner Aufrechnung ihrer Schuld, meiner Wut und Rachewünsche zu erleben. Es verletzte mich zutiefst, wie gemein und verlogen sie mir gegenüber waren. War ich denn ihre Fußmatte, auf der sie herumtrampeln „durften“? Hieß Christ sein, sich alles gefallen lassen zu müssen?

In dieser Herausforderung suchte ich nach Anleitung und Vorbildern, wie ich mich verhalten sollte. Ich las alle Stellen in den Evangelien nach, wo auch Jesus mit den ständigen Attacken der Pharisäer zu kämpfen hatte. Er wurde verdächtigt, den Befreiungsdienst durch einen Dämon zu tun. Man nahm ihn nicht als Messias an und beschuldigte ihn der Lästerung, wenn er sich Gottes Sohn nannte. Beim Gastmahl verweigerte man ihm den

Dienst der Fußwaschung, und man wollte ihn mehrmals steinigen. Man ärgerte sich über ihn, wenn er Gutes tat und Menschen am Sabbat heilte. Am Ende verließen ihn alle Freunde, und einer verriet ihn sogar. Wie konnte Jesus das aushalten und dann noch dieses Wissen im Herzen tragen, dass er einmal für diese Leute sterben würde, um sie zu retten und zu segnen?

Wenn ich über die einzelnen Szenen meditierte – und dabei die Parallelen zu meiner Situation zog –, bewunderte ich seine Souveränität und Ruhe, mit der er da durch ging. Er schien einfach überlegen zu sein! Ich fühlte mich immer unterlegen! Trotzdem wischte er den anderen nicht eins aus, sondern diente ihnen – auch wenn sie selber es anders werteten. Wie kam man an diesen Punkt? Was würde Jesus an meiner Stelle tun?

Drei Monate plagte ich mich mit diesen ungelösten Problemen und lernte dabei eine Menge über die Wolfsnatur meines Herzens. Ich brauchte selber jede Menge Gnade und Vergebung, aber ich brauchte auch eine Antwort! Endlich fand ich sie im Philipperbrief.

> *Habt diese Gesinnung in euch, die auch in Christus Jesus war, der in Gestalt Gottes war und es nicht für einen Raub hielt, Gott gleich zu sein. Aber* ***er machte sich selbst*** *zu nichts und nahm Knechtsgestalt an, indem er den Menschen gleich geworden ist, und der Gestalt nach wie ein Mensch befunden, erniedrigte er sich selbst und wurde gehorsam bis zum Tod, ja, zum Tod am Kreuz. Darum hat Gott ihn auch erhoben* (Phil 2,5-9a).

„... ***er*** *machte* ***sich selbst*** *zu nichts ...*" – das war der Schlüssel! Auf einmal konnte ich es klar erkennen. Er (!) – nicht die anderen – machte sich zu nichts.

Wenn mir jemand meine Jacke ungefragt wegnehmen würde, würde ich mich beraubt fühlen – und ich wäre es auch.

Aber wenn ich die Erlaubnis erteilen würde, dass jeder, der die Jacke haben möchte, sie sich nehmen darf, dann wäre ich nicht mehr zu berauben. Das war es. So hatte Jesus es gemacht! Aus freier Entscheidung hatte er alles losgelassen und abgelegt: sein

Recht Gott zu sein und als solcher verehrt zu werden, seine Würde und seine „Gestalt“: Er hatte freiwillig darauf verzichtet, als der erkannt zu werden, der er war. Weil er bereits alles losgelassen hatte, konnte niemand ihm etwas wegnehmen!

Ich rief meinen Mann als Zeugen dazu, um vor der sichtbaren und unsichtbaren Welt zu erklären, dass ich in dieser Gesinnung Jesu leben wollte. Punkt für Punkt zählte ich dann meine Rechte auf, die ich habe. Ich habe das Recht, respektvoll und ehrlich behandelt zu werden. Ich habe das Recht, gehört zu werden und meine Meinung zu sagen. Ich habe das Recht, Gerechtigkeit zu fordern usw.

Nachdem ich alle meine Rechte klar formuliert hatte und damit meine Position eingenommen hatte – konnte ich sie nacheinander wieder loslassen. Das war **meine** freie Entscheidung! Wow! Nach dem Amen fühlte ich mich zum ersten Mal nach Monaten wieder leicht und frei. Ich konnte tanzen und lachen. Alle Last war weg. Was für ein Leben!

Als ich am nächsten Tag von einer Kollegin informiert wurde, dass sie einen bestimmten Verantwortungsbereich von mir übernehmen würde (den sie sich anmaßte und ihr nicht von der Leitung zugesprochen worden war), konnte ich von Herzen antworten: „Gerne, nimm es nur.“ Wie genoss ich meine innere Freiheit dabei! Ich hatte gestern alles verfügbar gemacht, somit konnte sie mich nicht beschneiden. Ich strahlte sie an, und sie machte sich schnell aus dem Staub. Es fiel mir nicht schwer, ihr ein Segensgebet nachzuschicken. Irgendwie musste ich meine Freude ja rauslassen.

Mit diesem Tag war die Zeit meines Gemobbtwerdens zu Ende. Ich wurde ab jetzt in Ruhe gelassen, auch wenn erst einige Monate später klärende Gespräche stattfanden. Ich hatte meine geistliche Lektion gelernt und bin bis heute unendlich dankbar dafür. Es gibt immer wieder Möglichkeiten, sich in dieser Haltung und Gesinnung zu bewähren. Diese Gesinnung ist die Lammesnatur.

Die Lammesnatur stellt sich nach außen hin schwach dar, hat aber im Verborgenen eine Stärke, die unüberwindbar ist. Bei so manchem Menschen, der nach außen eine Furcht einflößende Wolfsnatur zur Schau stellt, ist im Verborgenen ein ängstliches, unsicheres Herz vorhanden. Sollte dieses Herz trotzdem gewalttätig und stolz sein, der Macht des Lammes bleibt es unterlegen.

Gott ist Löwe und Lamm zugleich. Wir lieben die sichtbare Demonstration von Gottes Kraft, wie sie uns in Heilungen, Zeichen und Wundern begegnet. Wenn wir die Kraft der Naturgewalten erleben, die Unendlichkeit des Universums bestaunen, dann ist das Bild eines Löwen viel zu schwach, um die gewaltige Dimension von Gottes Stärke und Macht wiederzugeben.

Gleichzeitig ist Gott ein Lamm. Nicht einfach nur ein Lamm, sondern ein Lamm, das sich tatsächlich zur Schlachtbank führen ließ. Darum sagt Jesus:

> *... lernt von mir! Denn ich bin sanftmütig und von Herzen demütig ...* (Mt 11,29).

Wir würden viel lieber lernen, „wie ein Löwe zu brüllen", aber wir sind eingeladen, „unser Leben zu verlieren" wie ein Lamm (vgl. Lk 9,23).

Aber wenn wir anfangen zu lernen, wenn wir anfangen Offenbarung zu bekommen und uns auf den Weg begeben, wird uns der Duft weiter und weiter locken bis zum Gipfel.

So ist es der Braut im Hohelied ergangen. Von sich aus gibt sie eine Absichtserklärung bekannt:

> *Wenn der Tag verhaucht und die Schatten fliehen, will ich zum Myrrhenberg hingehen und zum Weihrauchhügel* (Hld 4,6).

Myrrhe ist ein Harz, das früher zur Einbalsamierung eines Toten gebraucht wurde. So weist uns der Myrrhenberg zu einem Ort hin, wo Schwierigkeiten, Opfer oder Tod zu erwarten sind. Die Braut sagt damit, ich will dem nicht mehr ausweichen, ich will dem Lamm folgen, wohin es auch immer geht, selbst wenn es meinen Tod bedeutet.

Obwohl sie ihr Vorhaben, zum Myrrhenberg zu gehen, noch nicht ausgeführt hat, ist die Willigkeit und innere Bereitschaft dazu da. Deshalb bekommt sie das größte Kompliment:

> *Alles an dir ist schön, meine Freundin, kein Makel ist an dir* (V. 7).

Diese Herzenshaltung macht sie in seinen Augen „makellos", obgleich sie bestimmt noch nicht vollkommen oder fehlerlos ist. Dann fährt er fort:

> *Mit mir vom Libanon, meine Braut, mit mir vom Libanon sollst du kommen, sollst herabsteigen vom Gipfel des Amana, vom Gipfel des Senir und Hermon, weg von den Lagerstätten der Löwen, von den Bergen der Leoparden. Du hast mir das Herz geraubt, meine Schwester, meine Braut.*

Es ist das erste Mal, dass sie im Hohelied „Braut" genannt wird, obwohl ich den Begriff schon oft verwendet habe. Zuvor hat er sie Freundin, Geliebte, Taube oder Schwester genannt, aber nie Braut. Doch jetzt, seit sie bereit ist, ihm überallhin zu folgen, sich ihm total hingibt, wird sie Braut genannt und bringt sein Herz zum Schmelzen. Er berauscht sich nun an ihrer Liebe und wird von ihrer Zuneigung gesättigt.

> *Wie schön ist deine Liebe, meine Schwester, meine Braut. Wie viel köstlicher ist deine Liebe als Wein und* ***der Duft deiner Salben*** *als alle Balsamöle. Honigseim träufeln deine Lippen, meine Braut. Honig und Milch ist unter deiner Zunge, und der Duft deiner Gewänder gleicht dem Duft vom Libanon* (V. 10-11).

Jetzt, da der Bräutigam in seinen Garten kommt (vgl. Hld 4,12-15), der für andere verschlossen ist, aber ihm seine reiche Frucht schenkt, kann er sein Erbe in Besitz nehmen.

Den Bräutigam sättigen

(Hld 4,12-13)

Ein verschlossener Garten
ist meine Schwester, meine Braut,
ein verschlossener Born,
eine versiegelte Quelle.

Was dir entsprosst,
ist ein Lustgarten von Granatapfelbäumen
samt köstlichen Früchten,
Hennasträuchern samt Narden.

Der Bräutigam spricht:
Meine Schwester, liebe Braut,
deine Liebe ist wie ein Baum,
der Himmel und Erde verbindet.

Tief sind deine Wurzeln.
Sie haben sich nicht verbreitet
im Erdreich,
sondern nach dem Felsen gesucht,
aus dem lebendiges Wasser kommt.
Daraus hast du getrunken
und du bist stark geworden.

Schön ist es, deinen Wuchs anzusehen.
Gerade hast du dich ausgestreckt,
bis du den Himmel berührt hast.

Du hast deine Äste
nicht nach rechts und links ausgebreitet,
obwohl du es hättest tun können.
Schützend hast du sie um den Stamm gelegt.
Dein Kleid von Blättern hielt dich verborgen.

Deine Früchte teiltest du nicht aus,
um vor anderen
deine Fruchtbarkeit zur Schau zu stellen.

Deine Krone neigtest du mir zu Füßen.
Als ich sie aufnahm,
war sie schwer.
Die ganze Kraft deiner Fruchtbarkeit
schenktest du mir.

Meine Hände triefen vom Saft.
Jeder Bissen ist Süßigkeit und köstlich.
Deine Liebe sättigt mich,
meine Schwester, liebe Braut.

Das Erbe des Bräutigams

Nicht nur wir haben ein Erbe, sondern auch Jesus hat ein Erbe. Im Hohepriesterlichen Gebet heißt es:

> *Und ich habe ihnen deinen Namen kundgetan und werde ihn kundtun, damit die Liebe, womit du mich geliebt hast, in ihnen sei und ich in ihnen* (Joh 17,26).

Das ist sein Erbe, dass seine Gemeinde, seine Braut, ihn mit der gleichen Intensität liebt, wie der Vater ihn liebt, und dass diese Liebe die Wesensmerkmale seiner Liebe aufzeigt. Können wir uns das vorstellen? Wir denken oft: Jesus hat ein Meer von Liebe, das er über uns ausschüttet – und das stimmt auch. Wie sollte er unserer Liebe bedürfen? Gott hätte auch keinen Mangel, wenn es uns nicht geben würde. Gott ist in sich selbst vollkommen. Aber Gott hat uns aus Liebe heraus geschaffen, mit der Absicht, dass wir ihn in gleicher Weise zurücklieben sollen. In dem Augenblick, in dem das trotz aller Zerstörungskraft der Sünde Wirklichkeit wird, in dem die Liebe gegen alle Widerstände aufwächst, ist er tief bewegt.

Du hast mir das Herz geraubt, mit einem einzigen Blick aus deinen Augen (Hld 4,9).

Jetzt erkennen sich Braut und Bräutigam vom Herzen her, vom Wesen her. Nun finden sie zu einer Einheit, die zur Vereinigung führen kann.

Die Gesinnung des Bräutigams

Ich wünsche mir, dass in Ihnen eine Sehnsucht und Ahnung erwacht ist, den Bräutigam auf diese Weise kennenzulernen. Als ich damals nach meiner Vision drei Monate lang das Hohelied studierte, bekam ich Einsicht über die Bedeutung der vier Gipfel. Ich erkannte vor allem, dass die Liebe der Maßstab war für alles, was danach kam: für die Hingabe, die Autorität und den Dienst. Die Höhe, die ich auf dem Weg zum ersten Berggipfel erreichte, bestimmte die der anderen Berge. Natürlich hätte ich immer darüber hinausgehen können, aber dann hätte der Hingabe der Duft gefehlt oder ich wäre im Dienst ausgebrannt.

So bat ich acht Jahre lang immer wieder: „Küsse mich." Ich erbat es für mich und unsere Gemeinde. Es wurde fast so etwas wie ein inneres Gebet. Oft ohne Worte streckte ich mich nach seiner Liebe aus. Erst nach den acht Jahren spürte ich innerlich, dass es an der Zeit war, dem eine zweite Bitte hinzuzufügen: „Lass mich den Duft deiner Salben wahrnehmen." Ich kannte die Bedeutung dieser Bitte, ich habe sie oben beschrieben. Aber ich brauchte eine göttliche Offenbarung darüber, genauso wie für den Kuss. Im Laufe der nächsten 3–4 Jahre antwortete Gott auf verschiedene Art und Weise auf diese Bitte. Manche Antwort erkannte ich erst gar nicht als solche und entdeckte sie dann erst im Rückblick. Als Braut kann und brauche ich nur darum zu bitten. Wie und wann diese Bitte erfüllt wird, darf ich meinem Bräutigam überlassen. Er kennt mich besser, als ich mich selbst kenne, er weiß den Weg zu meinem Herzen und hat auch den Schlüssel zu jeder Tür. Wenn wir ihn mit unserer Bitte einladen, wird er davon Gebrauch machen.

So gebrauchte er in meinem Leben das Bild eines Kindes, um mir die Niedrigkeit der Lammesnatur näher zu bringen.

Als die Jünger darum stritten, wer der Größte unter ihnen sei, stellte Jesus ein Kind in ihre Mitte und sprach:

Wahrlich, ich sage euch, wenn ihr nicht umkehrt und werdet wie die Kinder, so werdet ihr keinesfalls in das Reich der Himmel hineinkommen. Darum, wenn jemand sich selbst erniedrigen wird wie dieses Kind, der ist der Größte im Reich der Himmel (vgl. Mt 18,1-5).

Wir haben schon gelesen, dass wir **die gleiche Gesinnung haben** sollen, die Jesus hatte: Er erniedrigte sich selbst und nahm Knechtsgestalt an (vgl. Phil 2,5-11). Hier macht er den erwachsenen, gestandenen Männern klar, dass auch sie umkehren, sich erniedrigen und wie Kinder werden müssen, um in das Reich der Himmel hineinzukommen. Es gab einen Tag in meinem Leben, als dieses Wort mir lebendig wurde. Das war auf der Vaterherzkonferenz 2006 in Kirchheim.

Alles drehte sich thematisch um die Liebe des Vaters. Da aber das Herz des Sohnes und des Vaters eins sind, bringt die Offenbarung des einen gleichzeitig die Offenbarung des anderen mit sich. Die ganze Atmosphäre war durchdrungen von seiner Gegenwart und Liebe. Gleich in der ersten Lobpreiszeit hatte ich ein Bild:

Ich stehe mit einem großen Schlüssel in der Hand vor ihm. Es war so ein selbst gebastelter Pappschlüssel, wie ich ihn immer unseren Kindern am 18. Geburtstag überreicht hatte. Er symbolisierte die Übernahme der Verantwortung für ihr eigenes Leben, auf das wir sie ja schrittweise vorbereitet hatten.

Während zwei unserer Kinder zugegriffen hatten, mit so einer „Ja, endlich“-Stimmung, äußerte eines unserer Kids dabei: „Ich wünschte, ich könnte Kind bleiben.“

Ich nahm den Schlüssel damals nicht zurück, aber versicherte ihm, dass es immer unser Kind sein würde, wir ihm weiterhin mit Rat und Tat zur Seite stehen würden und dass unsere Tür immer für es offen sei.

Nun stand ich selber mit diesem Schlüssel in der Hand vor dem himmlischen Vater und er sagte zu mir: „Wenn du willst, kannst du diesen Schlüssel an mich zurückgeben." Was für ein Angebot! Ohne zu zögern legte ich den Schlüssel in seine Hand. Augenblicklich fühlte ich, wie Lasten von mir abfielen: Lasten der Verantwortung. Ich hätte Verantwortung zuvor nie als Last definiert oder das Gefühl gehabt, daran schwer zu tragen – aber in diesem Moment spürte ich, wie sehr sie mich bedrückt hatte. Nun kam eine Freiheit und Leichtigkeit über mich und gleichzeitig eine Sicherheit und Geborgenheit, die einfach unbeschreiblich ist.

Ich durfte wieder Kind sein, mein Papa würde ab jetzt alle Verantwortung übernehmen. Er würde auch für alles geradestehen, was immer ich verbocken würde. Was für ein Lebensgefühl!

Schon sehr früh in meiner Kindheit musste ich Verantwortung übernehmen, vor allem für meine bis zu 10 Jahren jüngeren Geschwister. Und da noch preußisches Blut in meinen Adern fließt, waren Gewissenhaftigkeit und Pflichtgefühl sehr ausgeprägt. Obgleich meine Eltern mir immer sehr viel zugetraut hatten, wodurch mein Selbstvertrauen gestärkt wurde, hatte es mich aber auch kindlicher Freuden und unbekümmerten Spielens beraubt. Aber jetzt war ich die Verantwortung und den Druck los; ja, auch das Sorgen war ich los, stellte ich bald darauf fest. Denn wir sorgen uns ja immer um die Dinge und Menschen, für die wir Verantwortung tragen.

In den nächsten Tagen machte ich mir einen Spaß daraus, mich an alles Mögliche zu erinnern, um das ich mich sonst gesorgt hatte – nur um immer wieder dieses schöne Gefühl zu erleben: Du kannst dich gar nicht mehr sorgen. Bin ich die Verantwortung los, bin ich auch die Sorgen los. (Und mache ich mir irgendwann wieder Sorgen, dann habe ich mir wahrscheinlich den „Schlüssel" zurückgeholt – und brauche ihn nur wieder beim Papa abgeben.)

Am nächsten Tag in der Lobpreiszeit sangen wir ein Lied vom „Strom des Lebens". Ich betete darum, dass Gott mich doch mitten in den Strom bringen möchte.

Da sah ich mich mitten in der starken Strömung schwimmen. Doch zu meiner Überraschung hatte ich Schwimmflügel und einen Schwimmreifen um. Verblüfft fragte ich Vati, was das zu bedeuten hätte, und fügte dabei auch gleich hinzu, dass ich schon mit acht Jahren im Schwimmverein gewesen sei – als gute Schwimmerin. Wie ich mir dieses Bild noch verwundert betrachte, kam eine Frage in mir auf: „Papi, sag mal, wie alt bin ich eigentlich in **deinen** *Augen?"*

Darauf antwortete er mir: „Du bist so klein, dass ich gut auf dich aufpassen muss. Du bist so groß, dass du mitten im Strom schwimmen kannst, und du bist so klein, dass ich dich jetzt nach Hause tragen werde."

Dabei griff er ins Wasser, und als er mich herausfischte, hatte ich die Größe einer Dreijährigen. Er wickelte mich in ein Handtuch, nahm mich auf den Arm und machte sich auf den Heimweg.

Eine Dreijährige! In seinen Augen bin ich also eine Dreijährige. Das war noch einmal eine Offenbarung! Erwachsene Tochter zu sein, die den Schlüssel der Verantwortung abgibt, ist eine Sache, aber eine Dreijährige zu sein, ist eine andere. Dazwischen liegen Welten! Das Tolle war, ich konnte diese Offenbarung einfach annehmen und „fühlte" mich dann auch als Dreijährige. Das kann ich schwer beschreiben; eher sieht man es an den Auswirkungen.

Am nächsten Morgen bat ich den Vater, mir Nachhilfe darin zu geben, wie ich daheim in meiner Gemeinde als „Dreijährige" meinen Dienst praktisch ausüben kann. Irgendwie schienen mein jetziges Erleben und meine Aufgaben daheim wie zwei Puzzleteile, die noch nicht so recht zusammenpassten. Außerdem bat ich um ein Bild. (Dreijährige können halt besser Bilderbücher „lesen".)

Dann kam in der Predigt das wunderbare Bild, wie wir mit unserem Papa auf der Baustelle sind. Während er das Haus baut, hauen wir überall mit unserem Plastikhammer drauf und am Ende haben wir beide das Haus fertiggebaut. Was für eine anschauliche Dienstbeschreibung.[2]

---

[2] Dieses „Zeugnis einer Dreijährigen" ist schon im Buch *Freundschaft mit Abba-Vater* von Matthias Hoffmann (Cap-Verlag, 2007) veröffentlicht worden.

Ich begann wieder einen Duft wahrzunehmen, der mir bisher verborgen war. Wenn wir diesen Duft nicht wahrnehmen, wird uns dieses Bild ärgern. „Ist meine Arbeit nicht mehr wert als sinnloses Draufhämmern", mögen wir uns empören. Aber unterstreicht es nicht die bekannte Aussage von Jesus: „Ohne mich könnt ihr NICHTS tun?" (vgl. Joh 15,5). Selbst Jesus sagt, dass er nur das tut, was er den Vater tun sieht, und dass er nur das sagt, was er vom Vater hört (vgl. Joh 8,28).

Wie sollen Dreijährige ohne Papa ein Haus bauen? Aber Papa nimmt sie mit auf die Baustelle; er will sie gerne dabei haben. Und Papa hat seine helle Freude an dem Eifer, wie die Kleine ihn nachahmt, er liebt ihr Geplauder und lobt sie.

Und mal ehrlich, glauben wir tatsächlich, dass wir für Gott, der durch sein Wort die Erde gegründet hat und den Sternen ihre Bahn zuweist, bessere Helfer sind als eine Dreijährige für ihren irdischen Vater? Gottes Fachwissen schließt alle Bereiche ein, selbst die von uns noch nicht erforschten. Unser Stolz hat uns dafür oft nur blind gemacht, und wir denken höher von uns, als es uns zusteht. Und wie viel verpassen wir dabei, wie viel habe ich verpasst!

Schoßzeiten bei Abba

Einfach nur Kind sein

Einfach nur Kind sein,
das Geschenk deiner Nähe erleben.

Ich brauche mir keinen Kopf zu machen,
wohin wir gehen,
wie viel Zeit wir haben,
warum wir unterwegs sind.

Denn DU bist bei mir,
das ist genug,

meine kleine Hand in deiner,
meine kleinen Füße neben deinen.

Du passt dich meinen Schritten an,
gehst in meinem Tempo.
Ich vertraue dir,
ich hab es gut!

Beten lernen

Lieber Papa, wie soll man beten,
wenn man so klein ist wie ich?

Es gibt so viele Menschen,
die ich lieb habe:
Peter und meine Kinder,
meine Mutter und Freunde,
Verwandte und Nachbarn
und so viele Menschen
in Not,
krank,
allein.

Papa, wie kann ich beten,
wenn ich so klein bin
und die Probleme so groß
in dieser Welt
und gleich nebenan?
Reicht es,
wenn ich dir einmal davon erzähle,
oder besser jeden Tag?

Brauche ich eine Gebetsliste,
wie meine Freundin eine hat,
oder einen Plan,
eine Struktur?

Mein liebes Kind,
du brauchst nur MICH.

Komm auf meinen Schoß,
sooft du kannst,
und halte mir dein Herz hin.

Weißt du noch,
wie deine Kinder, als sie klein waren,
ihre Schmusedecken und Kuscheltiere hatten?

Weißt du noch,
wie gut du als Mutter
aufgepasst hast,
keines davon zu verlieren?
Du wusstest,
dass die Kleinen weinen würden
und nicht schlafen konnten,
ohne sie?

Die Menschen, die du liebst,
bringst du immer mit,
wenn du zu mir kommst

auf meinen Schoß.
Sie sind deine Kuscheltiere,
die du in deinem Herzen trägst.
Ich sehe sie.
Ich bin dein Papa
und ich weiß,
dass ich gut auf sie achten muss,
genauso gut wie auf dich.

Beten heißt nicht,
viele Worte machen,
sondern mir dein Herz hinhalten
und mir vertrauen.
Willst du das?

Auf Papas Schultern

Papa,
warum bin ich so unruhig
und zappelig,
laufe hierhin und dorthin
und habe doch kein Ziel?

Was ist los mit mir,
was treibt mich um?
Du kennst mich besser
als ich mich selbst.
Hilf mir!

Mein liebes Kind!
Die Flut kommt,
Veränderung,
du fürchtest dich.

Setz dich auf meine Schultern,
lass dich tragen.
Ich werde dich sicher
und rechtzeitig
ans Ufer bringen.

Komm bei mir zur Ruhe!
Sitze!
Schaue!
Ich werde laufen
und ankommen.
Vertraue mir!

Die Geschenke des Vaters

Direkt nach der Konferenz fuhr ich zu unserer Tochter, die ihr zweites Kind bekommen hatte. Omapflichten warteten auf mich, die ich gerne wahrnehme. Die Tage waren von morgens bis abends ausgefüllt, wie das halt so ist bei zwei Kleinkindern. Sie wollen mitten in der Nacht Unterhaltung, stehen um 6.00 Uhr putzmunter auf der Matte und haben eine Energie, die einen ganz schön aus der Puste bringt.

Wenn ich den Kinderwagen zum Spielplatz schob, hielt ich innerlich Ausschau nach meinem Abba und Bräutigam. Wie erleichtert war ich, immer zu hören: „Ab jetzt pass **ich** auf dich auf, weißt du das nicht?“ Nicht ich musste mich anstrengen, um die Verbindung zu Gott nicht abreißen zu lassen; er „strengte“ sich an, er wachte über mich – weil ich so klein bin.

Wieder daheim, stelle ich fest, dass ich drei Pfund abgenommen habe. Ich führe das auf den Non-Stopp-Omadienst zurück. Doch dann nehme ich weiter ab und mache mir Gedanken. Ist etwas nicht in Ordnung? Habe ich vielleicht Krebs? Aber ich fühle mich doch nicht krank. Ich gehe ins Gebet, bevor ich zum Arzt gehen will.

Da spricht der Heilige Geist zu mir: „Kleine Kinder bekommen Geschenke. Das Abnehmen kommt von mir. Ich schenke dir fünf Kilo! Wenn du dann noch mehr abnehmen willst, helfe ich dir, wie man kleinen Kinder hilft."

Wow! Kleine Kinder bekommen Geschenke! Das ist mal wieder eine Offenbarung! Dass das Abnehmen als Geschenk kommt, ist unglaublich! Wie viele Diäten habe ich probiert – aber nichts war von Dauer. Nun, ich habe mir „helfen" lassen, und in fünf Monaten habe ich weitere 18 Kilo abgenommen, also insgesamt 23 Kilo. Doch richtig spannend wird es danach. Werde ich das Gewicht halten können, oder nehme ich wieder zu? Jeden Tag schaue ich gespannt auf das Wiegeergebnis. Wenn ich eigentlich „zu viel" gegessen habe, weil ich auf einer Feier war oder der Kuchen so verlockend war – das Ergebnis ist immer gleich. „Geschenkt ist geschenkt – es kommt nicht auf dich an, sondern auf mich." Tag für Tag flüstert der Heilige Geist diese Wahrheit in mein Herz. Ich brauche ein ganzes Jahr, bis mein Herz diese Wahrheit fassen kann. Inzwischen sind mehr als dreieinhalb Jahre vergangen – und ich halte immer noch das Gewicht, besser gesagt, Gott hält mein Gewicht. Er ist zuverlässig und treu. Kleine Kinder bekommen Geschenke!

Ob ich gerne ein kleines Kind bin? Klein in meinen eigenen Augen? Ja! Ja! Ja! Der Duft der Salbe lockt mich: weiter, höher, weiter.

Die Bibel kennt für Geschenke ein anderes Wort: Gnade. Ich habe immer gewusst, dass ich aus Gnade errettet bin. Aber wie man als Geretteter in Gnade lebt – das lerne ich erst jetzt so richtig.

Das Geschenk des Bräutigams

Einmal betete jemand für mich und rief über mir aus: „Gnade, Gnade, Gnade, überfließende Gnade." Damals beschlich mich ein unangenehmes Gefühl. „Steht es schon so schlimm um mich? Sonst hätte ich doch nicht so viel Gnade nötig."

Mit Gnade verband ich so etwas wie **Gnadenbrot**, das ein alter Esel bekommt, weil er sonst zu nichts mehr zu gebrauchen ist. Wer möchte schon gerne so ein alter Esel sein? Wir möchten lieber leistungsstark, einsatzfähig und brauchbar sein. Wir nennen es gerne „ein Segen sein".

Der Schalksknecht in der Bibel, der alles vermasselt hatte und bitter nötig Gnade brauchte, bat lieber um Geduld: *„Habe etwas Geduld mit mir, dann will ich alles bezahlen"* (vgl. Mt 18,26).

Manchmal machen wir es auch so: „Gott, ich weiß, ich habe das schon hundertmal nicht auf die Reihe gekriegt, es tut mir auch echt leid. Vergib mir, und bitte – habe etwas Geduld mit mir, ich bleibe dran." Wir wollen beweisen, dass wir es doch noch packen. Nun, vielleicht beten wir das nicht genauso, aber wir verhalten uns so. Wir sind noch eifriger, disziplinierter, hingegebener und – kritischer mit anderen, die sich nicht so viel Mühe geben wie wir. Auch darin unterscheiden wir uns nicht vom Schalksknecht. Obwohl wir viel über Gnade reden, nehmen wir sie oft nicht an.

Erwachsene tun sich halt oft schwer, Geschenke anzunehmen. „Das wäre doch nicht nötig gewesen", wird dem Besucher gesagt, der einen hübschen Blumenstrauß überreicht. Zum Glück sind Kinder anders. „Hast du mir was mitgebracht?" ist oft die erste Frage, mit der sie Besucher überfallen.

Als der König an den gedeckten Tisch lud, hatten auch die Leistungsstarken und Eifrigen keine Zeit – nur die Armen und Bettler von der Straße, diese Nichtsnutze und Lahmen. Die haben sich dann am königlichen Tisch gelabt – reichlich das „Gnadenbrot" und „Gnadenfleisch" genossen (vgl. Lk 14,15-22).

Auch der Bettler Bartimäus am Straßenrand kannte den Schrei nach Erbarmen:

Sohn Davids, Jesus, erbarme dich meiner! (Mk 10,47b).

Als Jesus ihn heilte, geschah ihm „nach seinem Glauben" (vgl. Mk 10,46-52). Wir möchten gerne große Glaubenshelden sein, Berge versetzen – nur den Schrei nach Erbarmen wollen wir nicht ausstoßen, der doch ein Schrei des Glaubens ist.

Glückselig die Armen im Geist, denn ihrer ist das Reich der Himmel (Mt 5,3).

Wahrlich, ich sage euch: Wer das Reich Gottes nicht aufnimmt wie ein Kind, wird dort nicht hineinkommen (Mk 10,15).

Ich war lange eine der „Erwachsenen". Jetzt darf ich Kind sein – und bleiben: die kleine Tochter von Abba und Braut von Jesus.

Manchmal fragte ich mich, wie das zusammenpasst – als Tochter klein, als Braut groß? (Als Braut ist man ja nicht drei Jahre alt, oder?)

Aber es passt. Jesus, der Bräutigam, hat es vorgelebt. Abgucken und nachahmen ist sogar erlaubt.

Die Fußspuren des Bräutigams

Mit dem Wahrnehmen des Duftes der Salbe meines Bräutigams fing ich auch an, viele Bibelstellen anders wahrzunehmen, anders zu verstehen.

Wir hatten oben schon betrachtet, dass die Braut bereit war, zum Myrrhenberg zu gehen, was ganz praktisch bedeutet, sein Kreuz täglich auf sich zu nehmen. In meiner persönlichen Bibellese erschlossen sich mir auf einmal begeisternde Aspekte, die ich bisher irgendwie übersehen hatte. „Sein Kreuz auf sich nehmen" hatte vorher immer so einen Beigeschmack wie eine bittere Medizin – sie ist notwendig, schmeckt aber nicht. Doch jetzt nahm ich auch den Duft wahr, der vom „Kreuz auf sich nehmen" ausgeht.

Damit wandeln wir ja in den Fußspuren unseres Herrn Jesus. Nur sein Weg war einmalig und führte nach Golgatha. Unser Weg ist ein „tägliches Sterben".

Lassen Sie sich mitnehmen auf meine Bibellese-Entdeckungsreise, den Fußspuren des Bräutigams folgen:

Er (Jesus) sprach aber zu allen: Wenn jemand mir nachkommen will, verleugne er sich selbst und nehme sein Kreuz auf täglich und folge mir nach! Denn wer sein Leben retten will, wird es verlieren; wer aber sein Leben verliert um meinetwillen, der wird es retten (Lk 9,23).

Wahrlich, wahrlich, ich sage euch: Wenn das Weizenkorn nicht in die Erde fällt und stirbt, bleibt es allein; wenn es aber stirbt, bringt es viel Frucht. Wer sein Leben liebt, verliert es; und wer sein Leben in dieser Welt hasst, wird es zum ewigen Leben bewahren (Joh 12,24-25).

Kreuz hat etwas mit Sterben zu tun, und das kann man nicht beschönigen, aber es kommt doch auf die Perspektive an. Schon unser natürlicher Tod verliert seinen Schrecken, weil es für uns als Kinder Gottes das Tor zur Herrlichkeit ist. Das befreit uns von der Todesfurcht, unter der alle leiden, die ohne Hoffnung sind.

Schauen wir uns noch einmal Johannes 12,24 an:

Sterben bringt Frucht hervor

Das ist eine gute Perspektive. Sterben ist nicht sinnlos, es bringt Frucht. Jesus sagt auch: *„... ich habe euch erwählt ... dass ihr hingeht und Frucht bringt und eure Frucht bleibe“* (Joh 15,16).

Gerettete Menschen – die Frucht durch das Sterben Jesu

Menschen retten können wir nicht durch unser Sterben, das kann nur Jesus. Durch sein Sterben werden Menschen gerettet, erlöst, geheilt und wiederhergestellt. Das ist die Frucht des Sterbens Jesu. Wir reden zwar auch davon, dass wir Menschen zu Jesus führen und von „Frucht bringen“, wenn Menschen sich bekehren. Aber wenn wir die Frucht auf dem Erntefeld einsammeln, sind WIR die Arbeiter. *„Bittet den Herrn der Ernte, dass er Arbeiter sende.“* Es ist notwendig, dass wir auf diesem Feld arbeiten; dazu gibt Gott uns Berufungen und Begabungen.

Geistesfrucht – Ausbreitung des Reiches Gottes – unsere Frucht

Die Frage ist: Welche Frucht bringen wir durch unser Sterben?

Unsere Frucht ist die Frucht des Geistes: Liebe, Freude, Friede, Langmut, Freundlichkeit, Güte, Treue (vgl. Gal 5,22).

Was bewirkt die Geistesfrucht? Das Reich Gottes breitet sich aus, die Herrschaft Jesu bekommt Raum.

Denn das Reich Gottes ist nicht Essen und Trinken, sondern Gerechtigkeit und Friede und Freude im Heiligen Geist (Röm 14,17).

Unsere Frucht ist die Ausbreitung des Reiches Gottes, die Zunahme seiner Herrschaft hier und jetzt. Wenn wir im Vaterunser beten: „Dein Reich komme“, bedeutet dies, dass in unseren Herzen seine Königsherrschaft ausgeübt wird und durch uns dann in die Welt hinein.

Wenn das Weizenkorn in die Erde fallen soll und stirbt, um Frucht zu bringen, dann meint es die Geistesfrucht, unseren erneuerten Charakter. Darin soll die Herrschaft Jesu sichtbar werden, sich sein Wesen widerspiegeln, seine Sanftmut, Demut, Liebe, Freude usw.

Wenn wir als Braut mit dem Bräutigam wesensgleich werden wollen, brauchen wir seine Gesinnung, die Frucht des Geistes. Der Kuss von ihm und seine Liebe haben uns auf den Weg gelockt, mit ihm zum Myrrhenberg zu kommen, nun folgen wir seinen Fußstapfen.

Jetzt wird es spannend: Erde oder Samentütchen?

Sterben kann ein Samenkorn nur in der Erde. Ist uns das bewusst? Sterben kann es nur in der Erde! Man kann Samen über Jahre aufbewahren, trocken, dunkel und in Tütchen. Hier in Köln haben wir eine der größten Samenbanken in Europa. Da werden Samen von Früchten, Sträuchern, Bäumen und Blumen aus aller Welt aufbewahrt, fein einsortiert, beschriftet und in Listen erfasst. In jedem Samenkorn ist die Lebenskraft für seine Art der Frucht vorhanden, aber im Tütchen kann der Same nicht austreiben. Diese Lebenskraft wird nicht freigesetzt.

Gott hat neues Leben in uns hineingelegt. Bei unserer Wiedergeburt hat Gott den Samen mit seiner göttlichen Lebenskraft in uns hineingelegt, möglich geworden durch den Kreuzestod und die Auferstehung Jesu. Es ist alles da, ja es ist alles in uns:

- Die Liebe, die alles erträgt,
- die Geduld, die warten kann, auch wenn alles aussichtslos erscheint,
- der Friede, der höher ist als alle Vernunft und uns trotz äußeren Turbulenzen ruhig bleiben lässt,
- die Freundlichkeit, wenn andere uns zurechtweisen,
- die Treue, die zu seinem zugesagten Wort steht, auch wenn es unbequem ist – alles ist in uns.

Aber all das wird erst freigesetzt, wenn das Weizenkorn – unser Ego bzw. unser „alter Mensch" – stirbt.

Die Erde – unser Grab

Wann und wo stirbt das Korn? In der Erde.

Das heißt, wir brauchen etwas Erde, um zu sterben. Der Gärtner weiß, wie er ein kleines Loch graben muss, um die Blumenzwiebel einzusetzen. Bist du auch schon einmal in ein solches „Loch" gefallen? In ein dunkles Loch?

Unser grauer Alltag ist die Erde. Jeder hat ein Stück Erde bekommen, Lob und Dank!, wo wir sterben können. Das sind die schwierigen und unbequemen Umstände unseres Lebens, unsere Arbeit – seit dem Sündenfall mit Dornen und Disteln versehen –, die Macken der lieben Mitmenschen (auch meine) – das alles ist die Erde, der Boden, in dem Sie und ich sterben können. Dadurch wird die Lebenskraft freigesetzt und wir können Frucht bringen. Das ist das Tägliche, dem wir uns stellen müssen.

Sterben heißt wirklich sterben. Ich habe gelesen, dass es auf den Philippinen eine Gruppe von Leuten gibt, die sich jedes Jahr in der Osterzeit kreuzigen lassen – für fünf Minuten, dann ist die Schmerzgrenze erreicht. Einer, der das schon zum 22. Mal machte, sagte: „Danach fühle ich mich immer so gut."

In unseren Köpfen hat sich eine Lüge eingenistet, dass sich selber Schmerzen zufügen besser ist als sterben. Wir nehmen den Duft des täglichen „Kreuz-auf-sich-Nehmens" nicht wahr und fügen uns lieber selber Schmerzen zu, indem wir es vorziehen, unser Dasein in einem Samentütchen zu fristen. Davon gibt es verschiedene „Modelle":

Tütchen „Schneckenhaus“

Das Tütchen kann den Namen „Schneckenhaus“ tragen. Dahin zieht man sich zurück vor den anderen, den Bösen – und da schmoren wir dann. Da ist es dunkel drin, wir sind einsam, wir leiden, fühlen uns unverstanden, vielleicht abgeschoben und vergessen. Wenn eine Schnecke im Schneckenhaus sitzt, kommt sie nicht von der Stelle. So stecken auch wir fest – manchmal endlos – und leiden, aber wir sterben nicht. Wir beten: „Herr, hilf mir!“, aber scheinbar tut der Herr nichts. ER hat schon alles getan. SEIN Werk am Kreuz ist vollbracht. Und jetzt hat ER uns sogar ein Stück Erde gegeben. Er hat die Lebenskraft in uns hineingelegt, die wir genau für diese Situationen brauchen – aber sie wird erst freigesetzt, wenn wir sterben. Wenn wir loslassen! Im Sterben kann man nichts mitnehmen, man lässt alles los. Das kann bedeuten, die Vorstellung loszulassen, wie etwas zu laufen hat, die Erwartung an andere.

Tütchen „Schlachtfeld“

Andere „Tütchen“ tragen den Namen „Schlachtfeld“. Manche kämpfen und schlagen um sich – aus einem Grund: Sie wollen überleben. Ertrinkenden muss man manchmal einen K.-o.-Schlag versetzen, um sie retten zu können. Hat dich vielleicht gerade so ein K.-o.-Schlag erwischt? Dieses Um-sich-Schlagen, um seine Meinung zu retten, sein Ansehen, sein vermeintliches Recht, sein altes Leben, kann auch sehr fromm aussehen: Wir gehen in einen geistlichen Kampf und beten gegen die Umstände, gegen die Entscheidung der anderen, gegen alles Mögliche – und scheinbar hört Gott wieder nicht. Höre, du kleines Weizenkorn, warum willst du die Erde wegbeten, wenn du sie doch nötig hast, um sterben zu können? Diese Erde ist dein Gnadengeschenk an dich. Denke daran: Nur durch Sterben kommst du zur Auferstehung, nur durch Sterben bringst du Frucht.

Tütchen „Opfer“

Ich habe Leute kennengelernt, die denken, sein Kreuz tragen bedeute: Ich darf mir nichts mehr gönnen, darf keine eigenen Wünsche mehr haben, muss immer verzichten. Sie sind immer für andere da, sagen zu allem „Ja“, wenn sie um etwas gebeten werden, lassen sich mit einem schmerzlichen Lächeln alles gefallen und opfern sich buchstäblich auf – mit Leidensmiene und unter Seufzen. Dahinter steht die Lüge: Ich bin nicht so wichtig, auf mich kommt es nicht an, meine Gefühle und Gedanken sind bedeutungslos, nur die anderen zählen. Gleichzeitig empfinden sie das als schwere Last und lassen es auch die anderen spüren. Sie leben nicht als Geliebte Gottes, die wertvoll in Gottes Augen sind. Sie haben nicht verstanden, dass Jesus uns nur befreien will von dem Dreh um sich selbst, indem er unsere Mitte wird. Wohlgemerkt, obwohl sie scheinbar so viel opfern, leben sie in einem „Tütchen“ und kommen nicht zum Sterben.

Ich möchte noch etwas klarstellen: Manchmal sagen Leute: „Meine rücksichtslosen Nachbarn“, oder: „Mein Ehepartner“, oder: „Meine Kollegen, die mich mobben, sind mein Kreuz.“ Andere meinen, ihr verregneter Urlaub, finanzielle Engpässe, ihre Konzentrationsschwäche, ihr langer Arbeitsweg, der so viel Zeit wegfrisst, sei ihr Kreuz. Nein, das alles ist nicht unser Kreuz – das ist die Erde, die wir nötig haben, um sterben zu können. Denn das sind Umstände, Menschen oder Situationen, die wir nicht ändern können.

„... und nehme sein Kreuz auf sich ...“

Unser Kreuz wird uns nicht auferlegt, unser Kreuz nehmen wir freiwillig auf uns. Wir haben gelesen: *„... (er) nehme sein Kreuz auf täglich.“* Das ist eine freie Entscheidung und eine freiwillige Handlung. Der erste Teil war: Wer mir nachfolgen will, verleugne sich (oder verliere sein Leben). Das tut das Weizenkorn, indem es willig annimmt, in die Erde geworfen zu werden, indem es alles loslässt und stirbt. Jetzt kommt der zweite Teil: Wir wollen von Jesus lernen, wie er sein Kreuz trug. Jesus hätte heruntersteigen können, aber er tat es nicht. Freiwillig blieb er dort. Er sagte: „Niemand nimmt mir mein Leben; ich gebe es.“ Niemand kann uns ein Kreuz auferlegen, wir können es immer nur freiwillig aufnehmen.

Leben in „Kreuzeshaltung“

Wenn wir inmitten aller Umstände, die wir nicht ändern können, uns entscheiden, nicht für uns zu leben, sondern **aus Liebe (!)** für Jesus und unsere Mitmenschen zu sterben, dann sind wir wahrlich seine Jünger (vgl. Lk 14,27). Zu dieser Liebe kann man niemanden zwingen. Liebe ist immer ein freiwilliger Akt. Und das Kreuz macht deutlich, das uns die Liebe etwas kosten wird. Liebe ist mehr als ein schönes Gefühl, mehr als nur Romantik. Walter Trobisch sagte einmal: „Liebe und Schmerz sind Zwillinge, eines gibt es nicht ohne das andere.“

Es gibt menschliche, natürliche Liebe, die ohne das Kreuz auskommt. Wenn wir in jemanden verliebt sind, ihn sympathisch finden und Zuneigung da ist, können wir viel und gerne etwas für ihn tun, ohne dass es uns schwerfällt. Aber unsere Feinde, zum Beispiel, können wir ohne die göttliche Art nicht lieben. Göttliche Liebe geht über Sympathie hinaus. Diese göttliche Liebe kommt nicht wie ein Tau auf uns, sondern *„die Liebe Gottes ist ausgegossen in unser Herz“* (vgl. Röm 5,5). (Indem wir seine Küsse empfangen, erreicht sie wirklich unser Herz.) Dann wird sie freigesetzt als Lebenskraft wie bei einem Weizenkorn – durch Sterben. Dann fangen Ströme lebendigen Wassers an zu fließen.

Nicht ein Korn, sondern 1000 Körner

Ich stelle mir vor, dass mein Leben wie ein Feld ist, in das Gott Tausende von Körnern hineingesät hat. Jeder Tag und jeder Umstand bringt ein weiteres Korn zum Sterben und setzt die Lebenskraft frei.

Früher dachte ich: Wenn ich geistlich erwachsen und reif bin, dann werden gewisse, schmerzliche Prozesse aufhören. Dann bin ich sooo von Gottes Liebe erfüllt, dann brauche ich die Liebe der Menschen nicht mehr. Aber das ist anders. Adam hatte im Garten Eden Gottes Gemeinschaft und Liebe (vor dem Sündenfall) und sehnte sich trotzdem nach einem menschlichen Gegenüber. Gott selbst sagte: *„Es ist nicht gut, dass der Mensch allein sei; ich will ihm eine Hilfe* (d. h. eine Hilfe gegen das Alleinsein) *machen, die ihm entspricht“* (1 Mo 2,18). Das war Eva. Bei uns ist das auch so. Es wird uns nie egal sein, ob Menschen mit uns Gemeinschaft haben oder nicht. Aber wenn wir von Gottes Liebe erfüllt sind, dann können wir **in** schmerzlichen Situationen von Einsamkeit und Ablehnung das erleben, was der Psalmist beschreibt:

> *Sie gehen durch das Tränental und machen es zu einem Quellort* (Ps 84,7).

In der Wüste bedeutet Wasser Leben. Jede schmerzliche Situation wird umgewandelt, indem ich es zulasse, dass das Leben freigesetzt wird. Und es wird freigesetzt durch Sterben. Es bringt sogar 30-, 60- oder 100-fältig Frucht. Und diese Freude überwiegt dann bei weitem mein Sterberlebnis.

Der Feind möchte nicht, dass wir zu diesen Quellorten durchbrechen. Er gönnt uns gerade so viel Wasser, dass der Boden unter unseren Füßen zu einem Schlammloch wird, zu einem Sumpf, in dem wir steckenbleiben. Dann werden wir bitter; Hass und Ablehnung fressen sich in unser Herz.

> *Denn das Wort vom Kreuz ist denen, die verlorengehen, Torheit; uns aber, die wir errettet werden, ist es Gottes Kraft* (1 Kor 1,18).

Nehmen Sie den Duft wahr, der vom Kreuz ausgeht?

Ist das nicht aufregend? Jeden Tag können wir geistliche Explosionen der göttlichen Lebens- und Liebeskraft freisetzen.

Eine erlebte Geschichte[3]

Auf einem Flughafen hat sich ein Missionar in die Warteschlage vor dem Schalter zum „Check-in" eingereiht. Er steht ziemlich weit vorn, weil er frühzeitig da war. Die Abfertigung geht schleppend vor sich, das Personal ist unfreundlich und die Stimmung unter den Fluggästen gereizt. Die Besorgnis wächst, dass überbucht wurde und nicht alle mitfliegen können. Mit jeder Minute

---

[3] Frei nacherzählt aus: Rick Joyner, *Eine prophetische Vision für das 21. Jahrhundert* (Schleife Verlag, Winterthur, 2000), S. 25-27: „Wie einmal das Königreich sichtbar wurde".

nimmt der Ärger zu und die Spannung steigt. Die Wartenden werden immer aggressiver. Man spürt förmlich, wie sich hier etwas zuspitzt. In diese explosive Situation hinein kommen zwei korpulente Frauen angehetzt. Jeweils mit zwei riesigen Koffern in der Hand bahnen sie sich rücksichtslos einen Weg nach vorne. Jeder spürt, dass dies der Funke sein könnte, der gleich alles „hochgehen" lässt. Der Missionar, der inzwischen ganz vorne steht, dreht sich um und geht den Frauen entgegen. Freundlich spricht er sie an, einem Gentleman gleich nimmt er ihre Koffer ab und trägt sie nach vorne. Dann bietet er ihnen liebenswürdig seinen Platz an, schnappt sich sein eigenes Gepäck und geht zum Ende der Schlange.

Mit Staunen haben alle zugeschaut. Dann passiert etwas Unglaubliches: Die Stimmung schlägt um. Wie Luft aus einem Ballon entweicht, wenn er angepikst wird, so verfliegt alle Aggressivität. Ein unerklärlicher Friede senkt sich auf die Leute, und auf einmal geht alles ganz leicht. Das Personal wird freundlich, ein zweiter Schalter wird geöffnet und reibungslos und pünktlich können alle Fluggäste abgefertigt werden.

Was ist hier in der geistlichen Welt passiert? Ein Weizenkorn fiel in die Erde und starb! Das hat göttliche Lebenskraft freigesetzt, mit einem enormen Potenzial an Licht, das die Finsternis verschlungen hat.

Hätte der Missionar statt der „Erde" das „Tütchen Opfer" gewählt, wäre die Geschichte anders gelaufen, obwohl seine Handlung nach außen fast gleich ausgesehen hätte. Nur hätte es keine Auswirkung auf die Fluggäste gehabt, es wäre keine Lebenskraft freigesetzt worden. Das ist dann frustrierend. Als Missionar weiß er ja, wie ein Christ handeln sollte. Also hätte er der Dame pflichtbewusst seinen Platz anbieten können, aber innerlich wäre er vielleicht in Sorge gewesen, wie sein weiterer Reiseverlauf werden würde. Vielleicht hätte er innerlich auch damit gehadert, dass er diesen Liebesdienst tun musste. Jemand erzählte mir einmal, er höbe immer alles Papier auf, das er auf der Straße liegen sehe, ärgere sich aber gleichzeitig unwahrscheinlich, dass er das tue. Das ist ein Zwang, aber nicht die herrliche Freiheit der Kinder Gottes.

Dann hätte unser guter Missionar also hinten in der Schlange gestanden, sich unwohl gefühlt und mit Sicherheit noch Kommentare zu hören bekommen, wie: „Wie kann man nur so blöd sein!“, „Eine solche Unverschämtheit!“ „Diese Frauen zu unterstützen, ist der falsche Weg!“ etc.

Solche Erfahrungen vermiesen uns das „Kreuztragen“. Die Wahrheit ist nur, wir haben es gar nicht getragen, sondern uns in das Dunkel eines „Tütchens“ verdrückt und das Beste verpasst.

Aber entdecken wir diese Situation als unsere Erde und sind bereit, das Kreuz aufzunehmen, in der Erwartung und im Vertrauen darauf, dass Gott jetzt eine herrliche Möglichkeit bekommen wird zu handeln –, denn die Lebenskraft ist ja seine Auferstehungskraft – wird es in uns schon in Vorfreude knistern. Dann gehen wir fröhlich ans Ende der Warteschlange, haben keinerlei Sorgen, was aus uns wird (Tote sorgen sich nämlich nicht), und halten schon Ausschau nach dem Wunder. Und das Wunder wird kommen, immer! Jede Sterbesituation ist ein Sieg. Können Sie mit Ihren geistlichen Augen sehen, wie der Feind die Flughalle verlassen muss? Eben hat er die Leute noch aufgestachelt, jetzt wird er entmachtet. Engel platzieren sich, das Reich Gottes breitet sich aus.

So kann es aussehen, wenn ein Lamm unter die Wölfe gesendet wird. Jesus hat es uns vorgelebt. Wollen Sie seinen Fußspuren folgen, sich ihm „hingeben“?

Was bedeutet Hingabe?

Am klarsten sehen wir es da, wo Jesus im Garten Gethsemane betet: „Nicht mein, sondern dein Wille geschehe.“ Ihm stehen Folter und Tod bevor; er fängt an, *„sehr bestürzt und geängstigt zu werden“* (vgl. Mk 14,33) und bittet dreimal: *„Mein Vater, wenn es möglich ist, so gehe dieser Kelch an mir vorüber“* (Mt 26,39). Er kämpfte so, dass *„sein Schweiß wurde wie große Blutstropfen“* (vgl. Lk 22,44), aber immer bleibt er dabei: *„Nicht mein, sondern dein Wille geschehe“* (Mt 26,42). Er kann so beten, weil er sich völlig eingehüllt weiß in die Liebe des Vaters.

Selbst als er am Kreuz ausruft: *„Mein Gott, mein Gott, warum hast du mich verlassen?“*, hat er nie die Liebe verloren. Wir lesen im Römerbrief, dass *„Gott uns liebte, als wir noch Sünder waren“*. Wie sollte da die Sünde Jesus von der Liebe trennen können? In seiner Heiligkeit musste der Vater sein Angesicht vor ihm verbergen, seine Gegenwart – aber immer noch war Jesus geborgen in der Liebe, die ihn jeden Tag seines Erdenlebens umgeben hatte und die er zuvor in der Ewigkeit empfangen hatte. Eingebettet in diese Liebe konnte er in der großen Prüfung sagen: *„Nicht mein, sondern dein Wille geschehe.“* Das ist Hingabe. Das ist *„der Gehorsam, den Jesus lernte, an dem, was er litt“* (vgl. Heb 5,8; Phil 2,8).

Hingabe heißt: Ich ordne meinen Willen dem Willen Gottes unter. Wir sollen nicht willenlos sein. Wie kann man sonst seinen Willen unterordnen, wenn man gar keinen Willen mehr hat? Hingabe heißt: „Nicht mein, sondern dein Wille geschehe.“ Hingabe heißt, dem Lamm folgen. Was hat uns „bezwungen“, dass wir uns unter den Willen eines anderen beugen? Der Kuss des Bräutigams!

> *Leg mich wie ein Siegel an dein Herz, wie ein Siegel an deinen Arm! Denn stark wie der Tod ist die Liebe, hart wie der Scheol die Leidenschaft. Ihre Gluten sind Feuergluten, eine Flamme Jahs. Mächtige Wasser sind nicht in der Lage, die Liebe auszulöschen, und Ströme schwemmen sie nicht fort. Wenn einer den ganzen Besitz seines Hauses für die Liebe geben wollte, man würde ihn nur verachten* (Hld 8,6-7).

Es gibt noch mehr zu entdecken bei diesem Thema.

Die Speise des Bräutigams

> *Jesus spricht zu ihnen: „Meine Speise ist, dass ich den Willen dessen tue, der mich gesandt hat, und sein Werk vollbringe* (Joh 4,34).

Der Kontext zu diesem Vers erzählt, wie Jesus mit seinen Jüngern unterwegs war, sich ermüdet auf einen Brunnenrand setzt, um auszuruhen, während die Jünger in die Stadt gehen, um Essen zu kaufen. Da kommt eine Samariterin zum Wasserschöpfen. Auf sehr feinfühlige Weise beginnt Jesus ein Gespräch mit ihr, das zu ihrer Errettung führt und zu einem Zeugnis in der ganzen Stadt wird. Zwischendurch kommen die Jünger mit dem eingekauften Essen zurück und laden Jesus ein, doch etwas zu sich zu nehmen und sich zu stärken. Da sagt er den bemerkenswerten Satz:

> *Ich habe ein Speise zu essen, die ihr* ***nicht kennt*** (Joh 4,32b).

Als die Jünger rätseln, wer ihm wohl zu essen gebracht haben könnte, erklärt er:

> *Meine Speise ist, dass ich den Willen dessen tue, der mich gesandt hat, und sein Werk vollbringe* (Joh 4,34).

Das ist nicht nur „geistlich“ zu verstehen, sondern sehr real. Den Willen seines Vaters zu tun, hat ihn – d. h. auch seinen Körper – so satt gemacht, dass er tatsächlich nichts mehr essen wollte von dem, was die Jünger eingekauft hatten.

Ich bin dabei, den Unterschied kennenzulernen zwischen dem „nackten Gehorsam“ und dem Gehorsam „der satt macht“.

So manche Schritte in meinem Leben fingen mit dem „nackten Gehorsam“ an. Von Kind an mit den Geschichten der Bibel vertraut, war mir im Kopf total klar, dass Gehorsam Gott gegenüber immer Segen nach sich zieht und sich zum Guten entwickeln wird. Doch in der Situation war davon manchmal weit und breit nichts zu sehen und für mich auch nicht vorstellbar. Trotzdem folgte ich dann der göttlichen Weisung, in der Hoffnung, dass irgendwann der Segen sichtbar werden würde. Bis dahin hatte ich nichts „in der Hand“. Das nenne ich „nackten Gehorsam“.

Ich erinnere mich an unsere Entscheidung, ins Haus von Teen Challenge einzuziehen, eine Lebensgemeinschaft und Übergangseinrichtung für Drogenabhängige. Als die Anfrage an uns herangetragen wurde, holten wir uns Rat bei einem geistlichen Vater, der selber jahrelang Berater für solche Einrichtungen war. Als er hörte, dass wir noch sehr involviert in Straßen- und Teestubenarbeit sowie Gefängnisbesuchen und Schuleinsätzen waren, riet er uns von dem Einzug ab. „Ein Arbeiter an der Front braucht sein Zuhause als Erholungsort", war sein Statement. Wir beteten viel darüber und zogen nicht ein. Ein Jahr später wurden wir noch einmal angefragt. Jetzt waren teilweise andere Voraussetzungen gegeben. Wir bekamen von der Stadt finanzielle Zuschüsse und hätten nicht auf engstem Raum leben müssen, sondern eine Wohnung beziehen können. Das war eine deutliche Verbesserung, da wir unser erstes Kind erwarteten. Doch immer noch machten wir Arbeit an der Front, und das Statement von damals hatte somit auch noch seine Gültigkeit. Unsere Liste, was dafür und was dagegen sprach, war noch länger geworden. Doch diesmal sagte uns Gott ganz unerwartet und deutlich, wir sollten einziehen. Wir taten es im „nackten" Gehorsam, aber ich glaubte, ein großes Opfer zu bringen. Denn außer gehorsam zu sein (was eine gute Tugend ist) schien für mich nichts Vorteilhaftes dabei herauszukommen.

Ich dachte, wenn unser Kind geboren sein würde, würde ich Peter nicht mehr auf den Einsätzen begleiten können, und in der kurzen Zeit, die er daheim sein würde, würde ich ihn mit allen teilen müssen. Monate später aber dankte ich Gott oft dafür, dass ich im Haus wohnen „durfte". Im Nachhinein war es für mich das größte Geschenk. Ich konnte mit unserem Baby zwar nicht mehr bis in die Nacht in der Teestube oder auf der Straße unterwegs sein, aber ich konnte ein Zuhause schaffen für gestrandete Männer und Frauen. Auf diese Weise war ich weiterhin eng mit Peter und unserer gemeinsamen Vision verbunden.

Hat man mehrmals solche Erfahrungen gemacht, wird es immer leichter, „einfach" zu gehorchen. Auch wenn einem im Augenblick der Weg nicht schmeckt, weiß man, dass er sich am Ende als der bessere herausstellen wird. Gott hat den optimalen

Überblick, kennt die Zukunft und wird immer das für uns Beste wählen. Man gehorcht und tut seinen Willen in der Erwartung von diesem Besten.

Ich habe eine Speise zu essen, die ihr ***nicht kennt*** *... Meine Speise ist, dass ich den Willen dessen tue, der mich gesandt hat, und sein Werk vollbringe* (Joh 4,32.34).

Jesus spricht hier von einem Gehorsam, der satt macht. Diese Art von Gehorsam kannten die Jünger noch nicht und ich bis vor Kurzem auch nicht. Bei dieser Art Gehorsam geht es nicht darum, dass am Ende das Beste herauskommt, sondern es geht darum, so tief mit dem Willen Gottes in Übereinstimmung zu sein, dass sein Wille uns sättigt.

Es geht nicht um das Ergebnis, sondern es geht um das Einssein. Jesus möchte mit seiner Braut – wie der Vater mit dem Sohn – in solcher Herzenseinheit leben, wie ein Ehepaar körperlich eins wird.

In 2. Korinther 11,2 und Epheser 5,30-32 wird das Bild der Ehe auf Christus und die Gemeinde gedeutet.

Manchmal tun wir uns schwer damit, das zu verstehen. Bedeutet das, dass ich keinen eigenen Willen mehr haben darf? Keine Wünsche oder Vorlieben – löse ich mich als Person irgendwie auf und bin willenlos? Oder bin ich so willensschwach, dass ich froh bin, mich einem Stärkeren unterwerfen zu können?

Nein! Nein! Nein!

Aus Liebe zu ihm hingezogen, gibt die Braut freudig die Zustimmung zu seinem Willen. Sie tut es nicht aus Gehorsam wie ein wohlerzogenes Kind, sondern weil sie liebt und keine größere Freude und Sättigung kennt, als genau das. Sie tut es nicht aus Resignation, weil der andere sowieso der Klügere oder Überlegene ist. Sie tut es nicht aus Angst oder Scham vor Fehlern. Der einzige Grund ist die Liebe. Diese Liebe hat sie seinem Herzen so nahe gebracht, dass sie anfängt darin zu lesen Sie fängt an zu sehen, wie der Bräutigam sieht, zu fühlen, wie er fühlt. Er ist ihre Lust und Freude. Und auf diese Weise wird sein Wille ihre Speise.

Dabei ist nicht der Inhalt oder die Ausführung seines Willens das Kriterium: Mal kann sein Wille für sie Schmerz, große Anstrengung oder quälende Einsamkeit bedeuten, mal bringt er ihr Freude, unbändige Lust und eine Bereicherung. Die Sättigung liegt in der Übereinstimmung mit IHM, im Tun seines Willens.

Zwiegespräch: Eins sein mit dir

Ich habe meinen Ruheplatz gefunden,
wo der Frieden das Kissen ist,
selbst mitten im Sturm.

Dein Wille – ist das, was ich jetzt will.
Ich bin nicht willenlos
oder willensschwach.
Mit jeder Faser meines Seins,
mit meinem Denken und Wünschen,
will ich das – was du willst.

Das macht meine Seele satt.

Jesus spricht zu ihnen:
Meine Speise ist,
dass ich den Willen dessen tue,
der mich gesandt hat,
und sein Werk vollbringe
(Joh 4,34).

Denn deinen Willen tun,
heißt eins sein mit dir.
Was wünsche ich mir mehr,
als so mit dir zu verschmelzen,
dass wir nicht mehr zwei – sondern eins sind.
(Eph 5,31-32).

Es war für mich ein langer Weg dahin. Gott fragte mich einmal, ob ich eine bestimmte Gabe für einen Dienst haben wolle. Da ich gefragt wurde, dachte ich, ich könne doch sicher wählen, und entschied mich dagegen. Zwei Jahre später brachte mich Gott in eine Situation, in der er mich nicht fragte, sondern direkt beauftragte. Ich verweigerte mich: einmal aus Menschenfurcht und weil es so gar nicht „meine Art“ war.

Später tat ich Buße darüber und bat Gott um Hilfe, in diesen Auftrag hineinwachsen zu dürfen. Nach vielen kleinen Gehorsamsschritten fühlte ich mich fit dafür und sagte: „Okay, ich bin jetzt bereit. Du kannst mir das Werkzeug dazu geben, ich werde mich nicht mehr verweigern.“ Klar und deutlich kam sofort die Rückmeldung: „So nicht! Du musst das heiß und leidenschaftlich begehren.“ Davon war ich weit entfernt. Ich konnte mir noch nicht einmal vorstellen, dass ich das eines Tages wirklich so begehren würde. Ja, im „nackten“ Gehorsam hatte ich mich bereit erklärt, das zu tun, was Gott wollte, aber mehr nicht. Verstehen Sie?

Allerdings habe ich damals noch gedacht, ich müsste den Auftrag so begehren – zum Glück ist das nicht der Fall. Als Jesus im Garten bat: „Wenn es möglich ist, lass den Kelch an mir vorübergehen, doch nicht mein, sondern dein Wille geschehe“, da hätte er wohl auch gerne auf den Kelch verzichtet. Es gibt Dinge oder Aufträge, um die wir uns ebenfalls nie reißen werden. Aber das wird nicht das Kriterium sein für unseren Gehorsam. Der Wunsch und das Verlangen, aus Liebe mit seinem Willen in Übereinstimmung zu sein, ist die Triebfeder des Begehrens. Das ist ein Unterschied.

Selbst da kann es manchmal ein Ringen um dieses „Ja“ sein, wie wir es auch bei Jesus sehen. Doch dieser Kampf wird mit den Waffen der Liebe ausgetragen. Wie gut ist es, dass der Bräutigam dran bleibt. Wie? Indem er mich küsst, liebkost, um mich wirbt und mit Fürbitte für mich einsteht. So ist mein Liebhaber – ich bin sein und er ist mein!

Ich möchte das immer wieder betonen. Wenn wir irgendwie feststecken, uns verrannt haben oder einfach Sehnsucht nach mehr erwacht ist, heißt der erste Schritt dazu: „Sich lieben lassen“, seinen Kuss empfangen – daraus erwächst dann alles andere. Das ist der erste Gipfel. Der zweite Gipfel ist die Salbe des Bräutigams: eine Hingabe aus einem demütigen Herzen, die mit dem Duft der Liebe umgeben ist.

Vision: Zubereitung der Braut zum Erntearbeiter

Diesem Kapitel möchte ich eine Vision hinzufügen, die ich im Herbst 2008 bekam.

Ich sitze gemütlich auf einem Floß, das ruhig auf dem Wasser schwimmt. Die kräftige Strömung kann es noch nicht mitreißen, weil es mit langen Seilen am Ufer festgemacht ist. Aber es ist ein schönes Gefühl, so von den kleinen Wellen hin und her geschaukelt zu werden. In der Ferne sehe ich viele Schiffe übers Meer fahren: Luxusdampfer und Segeljachten, Motorboote und Frachter, in verschiedenen Größen. Während ich sie so beobachte, wird mir nach und nach bewusst, was diese Schiffe doch von meinem Floß unterscheidet: Ich habe keinerlei Antrieb, weder einen Motor noch ein Segel. Wenn ich mal unterwegs wäre, wäre ich ganz auf die Strömung angewiesen. Ohne Anker könnte ich meine Fahrt nicht einmal stoppen, es sei denn, die Strömung würde mich ans Ufer spülen. Mein Floß besitzt auch keine Kabine, kein Sonnensegel und keinen Regenschutz – man ist absolut jedem Wind und Wetter ausgesetzt. Natürlich gibt es auch keine Bordküche, geschweige denn Nahrungsvorräte. Man dürfte also nicht zu lange unterwegs sein. Sollten Stürme aufkommen und Wellen mein Floß überspülen, wüsste ich nicht einmal, woran ich mich festhalten könnte. An diesem Punkt wird mir klar, dass es eine gewagte Sache wäre, mit dem Floß übers Meer zu fahren. Genau in diesem Moment höre ich deutlich und klar eine Stimme, die befiehlt: „Mach die Leinen los!“ Dreimal ergeht diese Aufforderung an mich.

Dann eine neue Szene:

Jetzt befinde ich mich mit dem Floß mitten auf dem Meer, das sich wild und stürmisch gebärdet. Mein Floß treibt nicht gemächlich mit der Strömung dahin; es schießt wie ein Schnellboot vorwärts. Dabei ist die Strömung unter meinem Floß wie ein eigener Strom, der sich über dem Meer seinen Weg sucht, aber doch beeinflusst wird von den Wellenbergen des Meeres. Wenn eine Riesenwelle kommt, erhebt sich auch der Strom, selbst wenn er seine eigene Richtung beibehält. Dabei hat das Floß oft eine gefährliche Schieflage, manchmal ist es steil aufgestellt und im nächsten Moment stürzt es wieder abwärts – und das bei dem schnellen Tempo. Ich knie dabei auf dem Floß, habe meinen Oberkörper aufgerichtet. Obwohl ich mich nirgends festhalte, ist meine Position sehr sicher. Es sieht so aus, als sei ich mit dem Floß verwachsen. Das Floß und ich sind wie aus einem Guss, es macht keine Mühe, das Gleichgewicht zu halten oder draufzubleiben.

Im letzten Teil veränderte sich die Szene noch einmal:

Das stürmische Meer wird zu einer wogenden Menschenmasse, chaotisch und wild! Ich habe eine brennende Fackel in der Hand. Wenn ich damit Menschen berühre, werden sie rausgezogen und bekommen ein eigenes Floß. Bald sehe ich viele Flöße dahinflitzen. Mal sammeln wir uns, mal zerstreuen wir uns in alle Richtungen. Wir haben keinen Einfluss darauf; unser Floß folgt der Strömung. Einmal nähert sich ein Tsunami, ich spürt die Macht der Zerstörung darin. Ich schleudere mit anderen meine Fackel der Riesenwelle entgegen, und die Welle wird kraftlos. Im nächsten Moment kommt die Fackel zurück in meine Hand und weiter geht's im rasenden Tempo. Unglaubliche Mengen an Menschen werden aus dem tobenden Meer gerettet. Trotz dieses ständigen Chaos' und dem Brüllen des Sturmes spüre ich allezeit die unsichtbare Hand, die ordnend, bewahrend und führend hinter allem steht.

Jeder der Abschnitte der Vision spricht aus einer anderen Perspektive über die vier Gipfel. Am Ende steht die Ernte, die inmitten schwierigster Zeiten für die Menschheitsgeschichte eingebracht werden muss.

Zuerst geht es darum, dass der Erntearbeiter mit seinem Floß losfährt. Er genießt zwar schon das Gefühl, „auf dem Wasser" zu sein, geht dabei aber noch kein Risiko ein. Dann kommt der Ruf: „Mach die Leinen los!"

Das ist derselbe Ruf, den die Braut von ihrem Bräutigam im Hohelied gehört hat. Sie war nicht auf dem Floß, sondern in der Sicherheit ihres Hauses. Was brachte sie hinaus? Was bewog sie, ihm zu folgen? Die Liebe und Sehnsucht nach ihrem Bräutigam. Seine Liebe hat ihr die Sicherheit gegeben, die sie brauchte, um Altes verlassen zu können.

So ist der Ruf an den Flößer, die Leinen zu lösen, gleichzeitig eine Einladung, sich an Ihn „anzubinden". Und doch braucht es auch eine gezielte Handlung, um die Leinen vom Ufer zu lösen. Es ist hilfreich, einmal in Augenschein zu nehmen, welche Sicherheiten wir in unserem Leben eingebaut haben, die uns zurückhalten können.

Ist es vielleicht eine finanzielle Sicherheitsleine?

Könnte es sein, dass wir unsere Versorgung mehr in unserer Arbeitsstelle, unserem Sozialsystem und Versicherungen aller Art sehen, als darin, dass Gott unser Versorger ist? Trauen wir ihm Letzteres wirklich zu?

Als wir in Berlin bei Teen Challenge waren, brauchten wir göttliche Versorgung. Er tat es durch Menschen, deren Herzen er bewegte, uns zu unterstützen. Aber das kam nicht in monatlich gesicherten Zahlungen.

Ein Erlebnis hat sich mir tief eingeprägt. Ich ging mit unserem ersten Kind spazieren und sah ein anderes Kind hübsch und modisch angezogen. *Tja, wenn ich noch arbeiten würde und mehr Geld hätte, könnte ich unserem Kleinen auch so hübsche Sachen kaufen.* Welche Mutti möchte ihr Kind nicht herausputzen, es ist ihr Stolz und ihre Freude. Ich war nicht unzufrieden; es war eher so eine Bestandsaufnahme. Ich fing auch gleich an, Gott für all das Gute, das er uns täglich gab, zu danken – und da kam eine Menge zusammen.

Die Woche war noch nicht um, da schenkte mir jemand genau einen solchen Pullover und eine solche Hose wie die, die mir so gefallen hatten. Dabei war mir, als würde der Vater vom Himmel zuschauen und mich fragen: „Ist mir die Überraschung nicht gelungen?" Der Vater kennt mein Herz und meine Wünsche; es ist ihm eine Lust, mich zu beschenken. Nur kannte ich ihn noch nicht gut genug. Ich hätte ihn noch nicht einmal darum gebeten. Ganz tief in mir war die Vorstellung, dass Gott mir das „Nötigste" geben wird und ich damit zufrieden sein sollte. Dass ich mich selbst – mit meinem verdienten Geld – eben doch hätte „besser" versorgen können, brachte diese Einstellung ans Licht.

Sicher ist es richtig, mit Paulus zu sagen: *„[Ich kenne beides:] sowohl satt zu sein als auch zu hungern, sowohl Überfluss zu haben als auch Mangel zu leiden"* (Phil 4,12). Wir sollten zu beidem bereit sein. Nur: Was trauen wir Gott zu? Was für ein Bild haben wir von ihm?

Der finanzielle Bereich ist sehr vielschichtig. Manchmal vertrauen wir „grundsätzlich", nur im Detail wird es schwierig.

Geschwister aus Uganda erzählten uns, bei ihnen in der Gemeinde besäßen nur ganz wenige Leute ein Auto. Die meisten könnten sich kein Auto leisten. Interessanterweise würden diese Autos aber sehr oft weiterverschenkt. Sie erzählten viele Zeugnisse, wie Menschen um ein Auto gebetet hatten, weil sie es dringend brauchten, und jemand anderes von Gott aufs Herz gelegt bekam, sein gutes Stück weiterzugeben. Sie liehen es nicht nur aus, sondern verschenkten es.

Das hat mich sehr ins Nachdenken gebracht. Würden wir solche inneren Impulse überhaupt wahrnehmen? Oder würde gleich die Rückfrage kommen: „Was ist dann mit mir?"

Es ist eine Sache, aus unserem Überfluss heraus etwas abzugeben, aber eine andere, das wegzugeben, was wir meinen, selber dringend zu benötigen. Dahinter steht unausgesprochen die Frage, ob wir nicht zu kurz kommen werden, ob sich der Vater wirklich um uns kümmern wird. Wir neigen dann dazu, „mithelfen" zu wollen, indem wir uns irgendwie absichern – womit wir dann wieder bei den Sicherheitsleinen sind. Alle Leinen lösen, um sich NUR an Jesus festzumachen, ist eine Herausforderung – bis wir ihn gut genug kennen. Das bleibt eine Frage des Vertrauens und der Liebe. Nur wenn wir zutiefst überzeugt sind, dass Gott gut IST und es gut mit uns meint, werden wir uns ihm überlassen können.

Die vollkommene Liebe treibt die Furcht aus (1 Joh 4,18).

Wann immer uns Furcht überfällt – auch angesichts der wirtschaftlichen Turbulenzen –, gibt es nur einen Weg: eintauchen in den Strom göttlicher Liebe. Ein Weg dazu ist, sich immer wieder vom Wort Gottes küssen zu lassen. Jonny Foote drückte es einmal so aus: „Gott hat uns die Hochzeit mit seinem Wort gegeben." Was für ein schönes Bild.

Kaufen wir die Zeit aus. Noch befinden wir uns in recht ruhigen Gewässern, doch sieht man am Horizont schon den Sturm heraufziehen. Dazu muss man kein Prophet sein, sondern nur die Zeitung lesen oder die Nachrichten hören. Die Zeichen der Zeit stehen auf Sturm. Manche vermeintliche Sicherheitsleine wird reißen, doch wer sich an Jesus festgemacht hat, ist sicher.

Das zeigt der zweite Teil der Vision.

Da war für den Flößer schon der Sturm losgebrochen und die Turbulenzen größer als erwartet. Doch er selbst war so verwachsen mit dem Floß, dass er zu keiner Zeit in Gefahr war.

Ich fand den Ausdruck „verwachsen" tatsächlich in der Bibel:

> *... denn wenn wir **verwachsen** sind mit der Gleichheit seines Todes, so werden wir es auch mit [seiner] Auferstehung sein* (Röm 6,5).

Das Floß ist kein Luxusdampfer und keine Motorjacht, es ist „das *Kreuz, das wir täglich auf uns nehmen sollen*" (vgl. Lk 9,23). Das Kreuz gibt mir Halt, wenn es nicht nur ein „Glaubensbekenntnis" ist, sondern eine Kraft, die mich nicht „runterspült", wenn es hart auf hart kommt.

> *Denn das Wort vom Kreuz ist denen, die verloren gehen, Torheit; uns aber, die wir errettet werden, ist es Gottes Kraft* (1 Kor 1,18).

Am Anfang dieses Kapitels habe ich im Zusammenhang mit dem Weizenkorn, das in die Erde fallen muss, um sterben zu können, schon darüber geschrieben. Das sollte uns ermutigen, indem wir verstehen, dass dadurch Explosionen an Lebenskraft freigesetzt werden können.

In diesem Bild vom Floß wird veranschaulicht, was Jesus in Lukas 9,24 sagt:

> *Denn wer sein Leben retten will, wird es verlieren, wer aber sein Leben verliert um meinetwillen, der wird es retten.*

Dieser Lebensstil wird in Zukunft buchstäblich unsere einzige Überlebenschance sein. Wenn ich darüber nachsinne, bin ich so bewegt, wie vorausschauend der Herr mit seiner Gemeinde umgeht. Er weiß, was sie am meisten braucht, um vorbereitet zu sein. Und so, wie er mir durch die Vision mit dem Brautkleid auf die Spur geholfen hat, seiner Liebe Raum zu geben, tut er es weltweit. Er offenbart sein Vaterherz und wirbt als Bräutigam um uns. Er ruft, er lockt und kämpft um uns. Was für ein Gott!

Im dritten Teil der Vision geht es um die Herrschaft durch das Kreuz – symbolisiert durch die Fackel. Als Gott Adam und Eva nach seinem Bild geschaffen hatte, gab er ihnen die Herrschaft über die Erde. Durch den Sündenfall wurde dieses Bild bis zur Unkenntlichkeit entstellt und die Menschheit verlor auch die Herrschaft an den Teufel. Er ist jetzt der Fürst dieser Welt.

Doch durch Jesu Sterben und Auferstehen wird alles wiederhergestellt werden: *„Denn wenn wir **verwachsen** sind mit der Gleichheit seines Todes, so werden wir es **auch** mit [seiner] Auferstehung sein."* Statt dem Zerrbild kann in uns wieder das strahlend schöne Bild Jesu sichtbar werden. Das Kreuz versetzt die Gemeinde in den Stand, Herrschaft über die Erde auszuüben.

Das möchte ich noch etwas ausführlicher beleuchten.

Die Herrschaft des Bräutigams

Jesus Christus hat **für uns** am Kreuz die Herrschaft zurückgebracht.

Wir müssen eines verstehen: Zu keinem Zeitpunkt war die Herrschaft Gottes eingeschränkt. Gott hätte Luzifer nach seinem Aufstand im Himmel oder zu einem späteren Zeitpunkt sofort vertilgen können. Dazu hätte er das Kreuz nicht gebraucht. Wenn er zugelassen hat, dass das Böse in den Garten Eden eindringen konnte, dann deshalb, weil er dem Menschen eine Wahlmöglichkeit geben wollte. Denn nur wer eine freie Wahl hat, kann sich entscheiden. Auch die Liebe ist nur möglich, weil man sich dafür oder dagegen entscheiden kann. Es ist die Schuld des Menschen, die Jesus ans Kreuz brachte. Um sein vielgeliebtes Geschöpf zu erlösen und zu befreien, ging er ans Kreuz.

Das große Geheimnis ist, dass er dabei den Menschen mitnahm. Er nahm ihn mit hinein in seinen Tod und in seine Auferstehung.

> *... da wir dies erkennen, dass unser alter Mensch mitgekreuzigt worden ist, damit der Leib der Sünde abgetan sei, dass wir der Sünde nicht mehr dienen. Denn wer gestorben ist, ist freigesprochen von der Sünde. Wenn wir aber mit Christus gestorben sind, so glauben wir, dass wir auch mit ihm leben werden* (Röm 6,6-8).

Wir können das mit unserem Verstand schwer fassen, WIE das möglich war, aber es ist eine ewige Tatsache, die Gott uns offenbart. Wir dürfen das im Glauben ergreifen und in der Taufe bezeugen:

> *Wisst ihr nicht, dass wir, so viele auf Christus Jesus getauft wurden, auf seinen Tod getauft worden sind? So sind wir nun mit ihm begraben worden durch die Taufe in den Tod, damit, wie Christus aus den Toten auferweckt worden ist durch die Herrlichkeit des Vaters, so auch wir in Neuheit des Lebens wandeln. Denn wenn wir verwachsen sind mit der Gleichheit seines Todes, so werden wir es auch mit [seiner] Auferstehung sein* (Röm 6,3-5).

In der Neuheit des Lebens zu wandeln schließt unseren Herrschaftsauftrag ein.

Die Herrschaft durch das Kreuz (die Fackel)

Wir sind zum Herrschen berufen. Wie oben schon erwähnt, kam dieser Auftrag zuerst an Adam und Eva: Macht euch die Erde untertan, bebaut sie, bewahrt sie und **herrscht** über die Fische, Vögel und Tiere.

Als Gemeinde werden wir **mit Christus herrschen** (2 Tim 2,12). Wir haben ein **königliches** Priestertum empfangen (1 Pt

2,9). Dies ist ein weiterer Hinweis, dass wir zum **Regieren** berufen sind.

Gott selbst ist der Herr aller Herren und der König aller Könige. Seine Herrschaft hat kein Ende (vgl. Dan 6,27). Es gibt ein göttliches Herrschen, in das wir Menschen mit einbezogen werden.

Durch den Sündenfall hat der Mensch die Herrschaft über die Erde an den Teufel übertragen. Dieser ist jetzt der Fürst dieser Welt. Die Bibel sagt, der Teufel komme zu rauben, zu würgen und zu zerstören. Das sind die Merkmale ungöttlicher Herrschaft. Statt zu bauen, wird zerstört. Statt zu bewahren, wird geraubt. Statt Fruchtbarkeit und Leben zu geben, wird das Leben abgewürgt und getötet.

Vor dem Sündenfall hatte der Mensch Gemeinschaft mit Gott, was auch bedeutet, Gemeinschaft mit dem Leben zu haben. Es war für die zwei Menschen immer ein Zufluss an Leben da. Durch den Sündenfall wurden sie von diesem Zufluss abgeschnitten, denn der Lohn der Sünde ist der Tod.

Welche Auswirkungen hat das?

Seitdem der Mensch die Herrschaft verloren hat, wird er beherrscht.

- **Die Menschen beherrschen und unterdrücken sich gegenseitig:** der Mann die Frau, die Starken die Schwachen. Sie werden ausgebeutet, erniedrigt, versklavt – bis heute. Denken wir nur an die moderne Kindersklaverei. Wir sprechen von der „Ellenbogengesellschaft“ und von der „Hackordnung“; diese Begriffe spiegeln das wider.
- **Die Sünde herrscht über den Menschen:** Er wird durch Ängste, Sorgen, Ablehnung, Krankheit, verschiedenste Schmerzen und vieles mehr gequält. Er kann dem nicht entrinnen; die Sünde hat Macht.
- **Im Menschen selbst ist keine Harmonie und Ordnung mehr:** In ihm selbst ist ein Kampf um die Vorherrschaft entbrannt. Geist, Seele und Leib, die eine Einheit bildeten und von Gott mit Fähigkeiten ausgestattet sind, liegen jetzt im Kampf miteinander.

Es ist nicht nur ein Kampf zwischen Geist und Fleisch, sondern noch vielschichtiger. Wer gewinnt die Oberhand? Der Verstand oder das Gefühl, die Launen oder der eiserne Wille, die Begierden oder die Leidenschaften des Körpers? Da werden Gefühle „unterdrückt", in uns „kämpft es", wir fühlen uns „hin und her gerissen" – kennen wir das?

Genau hier, wo wir die Herrschaft verloren haben, müssen wir sie auch zurückgewinnen. Ein großes Thema bei den Lehren Jesu war das Reich Gottes. Es geht nicht nur um unsere persönliche Errettung, sondern um das Reich Gottes. Darin wird regiert und geherrscht.

Wenn wir die Herrschaft zurückgewinnen, können wir herrschen; im natürlichen und im geistlichen Bereich.

Die ganze Schöpfung kommt von Gott. Wir können sie unserem Auftrag gemäß **bewahren** oder **ausbeuten und zerstören**. Denken wir nur an das Ozonloch, den Klimawandel – das sind Beispiele aus dem natürlichen Bereich.

Ein Beispiel aus dem geistlichen Bereich: die Einheit der Kinder Gottes. Wir können keine Einheit schaffen oder bewirken – die hat Gott uns schon geschenkt, indem er uns in sich zu einer Einheit zusammengefügt hat. Aber diese Einheit können wir uns **rauben lassen** oder **bewahren.** Diese beiden Begriffe stehen für zwei Herrschaftsmodelle.

Das Kreuz Jesu hat es möglich gemacht, dass der Mensch erlöst wird und selber nicht mehr unter der Herrschaftsmacht der Sünde, des Todes und des Teufels stehen muss. Er kann seinen Herrschaftsauftrag wieder ausüben, was bedeutet, dass er in göttlicher Weise bauen und bewahren kann, was zur Fruchtbarkeit führt.

Gott möchte wiederherstellen und zurückerstatten, was wir verloren haben. Das Finale des Geschehens wird im Tausendjährigen Reich kommen, wo dies umfassend und zu 100 % Wirklichkeit wird, wenn Jesus Christus als sichtbarer König regieren wird. Aber er bereitet das jetzt vor: In einer Zeit zunehmender Dunkelheit, in der sich die Kräfte des antichristlichen Reiches formieren, formiert Gott die Gemeinde und bringt sie in Position.

Gott ist dabei seine Gemeinde, seine Braut zuzurüsten. In den letzten Jahrzehnten hat Gott damit begonnen. Gaben und Dienste wurden neu entdeckt, neu entfacht – ein großer Segen. Das hat die Gemeinde erstarken lassen. Hautnah miterlebt habe ich in den 70er-Jahren die Wiederherstellung von Lobpreis und Anbetung. Wie ein Magnet hat es mich in die Versammlungen gezogen, wo die ersten Anbetungsgottesdienste stattfanden.

Später gab es eine neue Betonung auf Heilung und Befreiung, dann eine neue Betonung auf dem fünffältigen Dienst, insbesondere dem der Prophetie. Ich kann das hier nur punktuell aufzählen, da es sonst den Rahmen sprengt. Um die Jahrtausendwende rückte der Missionsauftrag ins Blickfeld. Es kam weltweit zum Zusammenschluss verschiedener Dienste, um gemeinsam unerreichte Volksgruppen zu evangelisieren.

Seit einigen Jahren liegt nun die Betonung auf Intimität, auf Gemeinschaft mit Gott – weltweit. Damit ist der Fokus von dem, was wir **haben** (z. B. Gaben), und dem, was wir **tun** können (Dienste), auf das, was wir **sind,** gerichtet: seine geliebten Söhne und Töchter, seine begehrte Braut. Es kommt nicht so sehr auf das an, was wir leisten können, sondern was unsere Position bei ihm ist. Das bringt uns zur Ruhe – und dann in Aktivität. Der Auftrag muss immer noch erfüllt werden, der ist noch nicht beendet. Aber wir packen ihn anders an. Wir können wieder herrschen in göttlicher Art, nach dem Vorbild von Jesus.

Herrschen durch Dienen

Jesus kam als geliebter Sohn. Das war sein Start, bevor er öffentlich sein Werk begann. Das muss auch wieder zu unserem Ausgangspunkt werden: als Geliebte leben. Darum macht der Bräutigam sich auf, wirbt um seine Braut, küsst und liebkost sie – so kann sie innerlich gesunden. Ohne dies wird die Zerstörungsmacht der Sünde ihr Werk fortsetzen. Unsere legitimen Bedürfnisse nach Annahme, Bestätigung und Wertachtung werden wir selbst erfüllen wollen, indem wir eine Position anstreben, um unseren Wert darüber zu definieren. Wenn wir nicht gesehen oder wahrgenommen werden, sind wir beleidigt; wenn wir hinten anstehen müssen, treibt uns das zu noch mehr Leistung an. So kommen wir in einen unglücklichen Kreislauf. Das Zusammenleben in der Gemeinde sieht dann nicht anders aus als das in der Welt. Wir wollen gerne einen „großen Dienst", natürlich für Gott, aber die Motivation dazu kommt aus einem verwundeten und verletzten Herzen.

Auch wenn ich mich wiederhole: Wenn wir über das Finale des Erntens reden, beginnen wir wieder damit, dass wir uns lieben lassen. Ich finde es so wunderbar, dass Gott nicht mit dem Zeigefinger auf die Fehlhaltungen zeigt: „Du liegst falsch, so kann ich dich nicht gebrauchen", sondern er sagt: „Komm zu mir, ich stille deine Bedürfnisse, du bist meine Prinzessin, du bist die Auserkorene." Wenn du dich wie ein hässliches Entlein fühlst, behandelt er dich wie einen Schwan.

Wir müssen dann nicht in Pöstchen oder im Erfolg unsere Bestätigung suchen. Wir sind vom Schöpfer selbst bestätigt, vom König aller Könige, vom Herrscher des Weltalls. Stell dir vor, ER wirbt um dich als Braut! Wenn wir diese Bestätigung in uns tragen, kommen wir hinein in das Leben Jesu, das er uns vorgelebt hat.

> ***Die Könige und Fürsten herrschen (beherrschen und unterdrücken), aber so soll es unter euch (der Gemeinde) nicht sein: Wer der Größte sein will, soll euer aller Diener sein*** (Mt 20,25-26).

Wir kennen das Beispiel der Fußwaschung, wo darauf hingewiesen wird, dass er es im Bewusstsein tat, wer er war, woher er kam und wohin er ging (vgl. Joh 13,3). „Weil ich diese hohe Stellung beim Vater habe, kann ich Füße waschen und breche mir keinen Zacken aus der Krone."

> *... erniedrigte er sich selbst und wurde gehorsam bis zum Tod, ja, zum Tod am Kreuz. Darum hat Gott ihn auch hoch erhoben und ihm den Namen verliehen, der über jeden Namen ist* (Phil 2,8).

Merken Sie, wie das alles zusammenpasst? Da steckt göttliche Weisheit dahinter, die in den Augen der Welt und auch in den Augen mancher Christen Torheit ist.

Jetzt, wo die Welt aus den Fugen gerät, möchte man die Ärmel aufkrempeln. Genau jetzt geht die Botschaft durchs Land: „Kommt auf den Schoß, lasst euch lieb haben und umarmen." Ich habe den Schoß von Abba, wo ich gerne als „Dreijährige" bin, und ich komme auf den Schoß meines Liebhabers und Bräutigams.

Ich glaube, dass das, was in den nächsten Jahren auf uns zukommt, nur bewältigt werden kann, wenn wir wieder in dieses Regieren mit göttlicher Autorität hineinkommen. Dazu gehört auch das Folgende:

Herrschen über die Sünde

Wir Christen sind befreit von der Macht der Sünde durch das Kreuz. Sie kann nicht mehr über uns herrschen – aber wir können ihr Raum geben. Dann wird sie uns lähmen, verunreinigen und ein zerstörerisches Werk an uns tun.

Vielleicht ärgern wir uns übereinander, streiten – und vergeben einander – siebzig Mal siebenmal. Doch wenn wir zulassen, dass eine bittere Wurzel aufwächst, dann gewinnt sie Macht. Man kann nicht mehr vergeben, wird bitter und ein ganzer Rattenschwanz negativer Auswirkungen kommt hinzu.

Die Geschichte von Kain und Abel gibt uns Anschauungsunterricht, wie wir mit der Sünde umgehen sollen (vgl. 1 Mo 4,2-16). Kain war ergrimmt, dass Gott das Opfer von Abel annahm, und seines nicht. *„Da wurde Kain sehr zornig, und* ***sein Gesicht senkte sich.***" Gott hakt nach und spricht Kain an: *„Warum bist du zornig, und warum hat sich dein Gesicht gesenkt? Ist es nicht [so], wenn du recht tust,* ***erhebt es sich?*** *Wenn du aber nicht recht tust, lagert die Sünde vor der Tür. Und nach dir wird ihr Verlangen sein,* ***du aber sollst über sie herrschen.***"

Kain lässt sich nicht aufhalten und tötet seinen Bruder Abel auf dem Feld. Gott stellt ihn zur Rede und Kain wird bestraft. *„So ging Kain* ***weg vom Angesicht des Herrn ...***"

Fünfmal wird in diesem Text vom Angesicht geredet. Kain hatte die Wahl: Wollte er in das Angesicht Gottes schauen oder wollte er das Angesicht senken, das Angesicht der Erde anschauen.

Als Gott ihn vor der Sünde warnt, ermutigt er ihn: Du kannst frei den Blick erheben, d. h. du hast Zugang zu mir. Aber Kain hielt am Zorn fest und behielt den gesenkten Blick – er suchte das Angesicht der Erde.

Ich sehe darin ein Bild, wie wir über die Sünde herrschen können oder von ihr beherrscht werden. Suchen wir das Angesicht Gottes, erheben wir unseren Blick – gerade dann, wenn die Sünde lauert, werden wir herrschen können. Senken wir den Blick, suchen das Angesicht der Erde, sehen auf uns selbst, auf die Umstände – dann gewinnt die Sünde Macht über uns. Bei der Frage des Herrschens über die Sünde geht es darum, auf wen wir unser Angesicht gerichtet haben. Suchen wir Gottes Angesicht – wie zum Beispiel David? David hat immer wieder Fehler gemacht und war doch ein Mann nach dem Herzen Gottes. Saul machte keine so gravierenden Fehler und wurde von Gott verworfen. Sein Angesicht war nicht auf Gott gerichtet, sondern auf die Erde, auf die Ehre der Menschen.

Wenn Gott danach Ausschau hält, wem er etwas anvertrauen kann, dann achtet er darauf, wer in die richtige Richtung geht. Er stoppt nicht unser Tempo; er zählt nicht, wie oft wir stolpern und fallen (der Gerechte fällt siebenmal und steht wieder auf). Er schaut, ob die Richtung stimmt. Der beste Schnellläufer der Welt kommt nicht ans Ziel, wenn die Richtung nicht stimmt. Die richtige Richtung ist: das Angesicht Gottes suchen. David sagte:

> *Danach trachte ich, zu wohnen im Hause des Herrn alle Tage meines Lebens, um* ***anzuschauen*** *die Freundlichkeit des Herrn* (Ps 27,4).

Stellen Sie sich vor: Da bin ich gerade wieder gestolpert und in den Graben gefallen, rappel mich hoch, sehe zerzaust und schmutzig aus und schaue in SEIN Angesicht. Wie sieht es aus? Freundlich! Dann fällt es so leicht zu sagen: Vergib, ich habe mich ablenken lassen; ich habe versagt, ich habe gesündigt, und dann gehen wir weiter.

Wenn wir so leben, kann Sünde in unserem Leben nicht herrschen. In Hohelied 1,15 sagt der Bräutigam, seine Freundin habe „*Augen wie eine Taube*“. Taubenaugen haben nur einen Brennpunkt, sie können nur in eine Richtung sehen. Die Braut hat auch nur einen Brennpunkt: ihre Augen sind auf das Angesicht Gottes, ihres Bräutigams gerichtet.

Herrschaft bringt Harmonie zwischen Geist, Seele und Leib.

Der Psalmist staunt darüber, dass er wunderbar gemacht ist (vgl. Ps 139). Gott hat mich und dich in jedem Bereich wunderbar gemacht.

ER hat uns **einen Verstand** gegeben, der

- analysieren kann, Zusammenhänge erkennt,
- ordnen kann, systematisch denkt,
- räumliches und bildhaftes Vorstellungsvermögen hat,
- mit Gedächtnis und Auffassungsgabe ausgestattet ist,
- Weisheit und gutes Urteilsvermögen erwerben kann.

Gott hat uns **Gefühl**e gegeben,

- damit wir seine Liebe spüren können,
- Zärtlichkeit und Leidenschaft,
- damit wir feiern, staunen und uns freuen können,
- aber auch trauern und mitleiden.
- Was wäre ein Abenteuer ohne Spannung und Erregung?
- Gefühle lassen uns alles lebendig erleben.

Gott hat uns einen **freien Willen** gegeben,

- damit wir wählen können.
- Nur wer die Wahl hat, kann lieben.

Gott hat uns einen **Körper** gegeben

- mit einem Verlangen nach Berührung,
- mit Fähigkeiten, sich zu bewegen
- und zu sehen, zu hören, zu riechen und zu schmecken.
- Der Körper **fühlt** sich satt oder hungrig;
- er **fühlt** sich wohlig bei Wärme
- und ungemütlich bei Kälte.
- Er ist einmalig in seinem Aussehen.

Gott hat uns einen **Geist** gegeben,

- der lebendig (d. h. in Verbindung mit Gott) sein kann
- oder tot (d. h. ohne Verbindung zu Gott).

In der Schöpfung hat Gott jeden Bereich mit seinem pulsierenden Leben erfüllt. Durch den Sündenfall brach dann das Chaos aus: Die Gefühle wurden „unterdrückt", der Wille „geknechtet", der Verstand „verfinstert" und der Körper entweder „versklavt" oder „verherrlicht".

Wie viele kennen nicht wenigstens einen Menschen, bei dem der Wille die Seele und den Körper so angetrieben hat, bis es zu „Verspannungen" und dann zum „Zusammenbruch" kam.

Oft sind wir verunsichert. Wie gehe ich mit meinem Verstand um? Steht er vielleicht meinem Glauben „im Weg"?

Eine Zeit lang wurde in Gemeinden gepredigt, der Wille müsse „gebrochen" werden. Gefühle wurden sowieso als problematisch angesehen. „Halte dich ans Wort, achte nicht auf deine Gefühle", war oft die Parole.

Durch das Kreuz werden wir von Neuem geboren und bekommen wieder einen lebendigen Geist. Damit ist die Voraussetzung geschaffen, dass der Geist uns wieder regieren kann und die göttliche Herrschaft in uns anbricht. Wir finden zu einer inneren Ordnung zurück, bei der jeder Teil in uns seiner göttlichen Bestimmung nachkommt. Aber das geschieht nicht automatisch.

Wir müssen zulassen, dass die erlösende Kraft jeden Bereich unseres Seins durchdringt.

Der Verstand wird erleuchtet und bekommt die Fähigkeit zu erkennen, was der gute, wohlgefällige und vollkommene Gotteswille ist, indem er durch die Wahrheit des Wortes Gottes gereinigt und erneuert wird (vgl. Röm 12,2; Eph 5,10; 1 Kor 2,10-12). Der erleuchtete Verstand ist auch fähig, gute Entscheidungen zu treffen.

Der Wille wird nicht gebrochen, sondern ordnet sich durch die Liebe freiwillig dem Willen Gottes unter. Wir haben schon gesehen, wie der Wille der Braut in Übereinstimmung mit dem Willen des Bräutigams kommen kann, weil sie – durch seine Liebe angezogen – ihm gerne folgen möchte (vgl. Joh 7,17; Eph 6,6; 1 Joh 2,17).

Die Persönlichkeit, die durch viele Verletzungen (z. B. Ablehnung, Vernachlässigung, Enttäuschungen) verkrümmt, verkümmert oder versteift ist, wird geheilt und wiederhergestellt. Auch hier ist es die Gemeinschaft mit Jesus, der Zufluss seines Lebens, der unsere Gefühle heilt, reinigt und erneuert.

Unser Leib ist ein Tempel des Heiligen Geistes (1 Kor 6,19). Wenn wir das verstehen, werden wir ihn in rechter Weise pflegen und rein halten.

Wie nötig wir die erlösende Kraft des Kreuzes brauchen, soll ein kleines Beispiel verdeutlichen: Während er sich einen Kaugummi in den Mund schob, sagte einmal ein geistlicher Leiter zu mir: „Bis heute fühle ich mich unwohl dabei, weil meine Mutter früher immer sagte: ‚Kaugummi kauen ist Sünde‘. Deshalb war Kaugummi bei uns zu Hause verboten.“ In seinem Kopf hatte die Erneuerung schon stattgefunden.

> *Nicht was in den Mund hineingeht, verunreinigt den Menschen, sondern was aus dem Mund herausgeht, das verunreinigt den Menschen* (Mt 15,11).

Aber in seinem „Gefühl“ war diese Wahrheit noch nicht angekommen. Erst wenn er sich einmal auch frei und unbelastet fühlen wird, ist das erlösende Werk in dieser Sache in ihm abgeschlossen.

Herrschen durch das Kreuz bedeutet:

- in göttlicher Art zu herrschen, d. h. aufbauend, bewahrend und fruchtbringend,
- in dienender Haltung zu herrschen, weil wir wissen, wer wir sind: geliebte Söhne und Töchter Gottes,
- über die Sünde zu herrschen – indem wir in das Angesicht Gottes schauen,
- mit sich selbst in Harmonie zu leben, mit einem freien Willen, einem erleuchteten Verstand, geheilten Gefühlen und einem Leib, der Gott als Tempel zur Verfügung steht.

Zusammenfassung der Vision

Auf diese Weise wird die Braut zum Erntearbeiter vorbereitet:

Durch seine Küsse und Liebeszuteilungen fest mit ihm verbunden, traut sie sich, alle vermeintlichen Sicherheitsleinen zu lösen (die sich später sowieso als trügerisch herausstellen würden) und aufs Meer hinauszufahren. Hier hat sie als Flößer selber nichts mehr unter Kontrolle, aber sie vertraut dem, dem alle Macht im Himmel und auf Erden gegeben ist. Sie hat ihn als zuverlässig und treu kennengelernt. Sie kann sich ein Leben ohne ihren Geliebten gar nicht mehr vorstellen.

> *Mächtige Wasser sind nicht in der Lage, die Liebe auszulöschen, und Ströme schwemmen sie nicht fort. Wenn einer den ganzen Besitz seines Hauses für die Liebe geben wollte, man würde ihn nur verachten* (Hld 8,7).

So kann sie ein Lebensstil der kompromisslosen Nachfolge leben und verwächst mit dem Kreuz. Das ist ihr Halt in den kommenden Turbulenzen. Die Kraft des Kreuzes entmachtet jeden Feind, auch die Angst und alle Sorgen.

Sie wird fähig, in göttlicher Weise zu herrschen, wie zuvor ausführlich beschrieben. Das schließt auch die Erde mit ein. Wir werden in Zukunft nicht nur lesen, wie ein Elia drei Jahre den Himmel verschloss und es nicht regnete, oder wie Josua die Sonne still stehen ließ, um seinen Kampf zu beenden, sondern wie in unseren Tagen wieder übernatürliche Ereignisse geschehen (in der Vision durch den Tsunami dargestellt).

Schlussendlich wird die Braut zusammen mit ihrem Bräutigam seine Ernte einholen. Und damit wenden wir uns wieder dem Hohelied zu. Wir haben noch eine wunderbare Betrachtung vor uns, die uns noch mehr Verständnis und Einsicht gibt über die Autorität, die die Braut empfangen wird.

Kapitel 4

Das Salböl des Bräutigams: die Autorität seines Namens „ausgießen“

„... ausgegossenes Salböl ist dein Name“ (Hld 1,3b).

Hier geht es um den Namen des Bräutigams, den Namen Jesus. Doch es gibt eine Überraschung: Dieser Name wird hier als Salböl beschrieben, das ausgegossen wurde.

Für die Herstellung des Salböles hatte Gott im Alten Testament genaue Anweisungen gegeben. Sie war eine Mischung verschiedener Öle, Kräuter und Gewürze.

> *Du nun, nimm dir Balsamöle bester Art, 500 [Schekel] von selbst ausgeflossene Myrrhe und die Hälfte davon, 250 [Schekel], wohlriechenden Zimt, ferner 250 [Schekel] Würzrohr und 500 [Schekel] Zimtblüten, nach dem Schekel des Heiligtums, dazu ein Hin Olivenöl und mache daraus ein Öl der heiligen Salbung* (2 Mo 30,23-25a).

Aber im Hohelied ist das Salböl ein Name! Anders gesagt: Ein Name ist Salböl! Wie ist dieser Name „hergestellt“ worden? Folgende Bibelstelle beschreibt die „Mixtur“ dafür:

> *Habt diese Gesinnung in euch, die auch in Christus Jesus [war], der in Gestalt Gottes war und es nicht für einen Raub hielt, Gott gleich zu sein. Aber er machte sich selbst zu nichts und nahm Knechtsgestalt an, indem er den Menschen gleich geworden ist, und der Gestalt nach wie ein Mensch befunden,*

erniedrigte er sich selbst und wurde gehorsam bis zum Tod, ja, zu Tod am Kreuz. ***Darum*** *hat Gott ihn auch erhoben und ihm* ***den Namen verliehen,*** *der über jeden Namen ist, damit in dem Namen Jesus jedes Knie sich beuge, der Himmlischen und Irdischen und Unterirdischen, und jede Zunge bekenne, dass Jesus Christus Herr ist, zur Ehre Gottes, des Vaters* (Phil 2,6-11).

Diesen hohen, erhabenen, kraftvollen Namen hat Jesus nicht einfach so bekommen. Der Name Jesus ist nicht nur ein Name – wie Bert, Willi oder Fred, damit man Personen anreden kann. Er ist auch nicht nur ein Name mit einer Bestimmung oder Bedeutung wie z. B. Abraham (d. h. „Vater einer Menge"). Sondern dieser Name hat wie das Salböl eine „Substanz". Die Zutaten heißen:

- sich selbst entäußern,
- sich zu nichts machen,
- Knechtsgestalt annehmen,
- den Menschen gleich werden,
- sich erniedrigen,
- gehorsam bis zum Tod sein,
- bis zum Tod am Kreuz.

Das Salböl war zuerst nur für die Salbung des Hohepriesters Aaron und seiner Söhne gedacht. Damit wurden sie geheiligt und zum Priesterdienst geweiht. Ebenso wurden durch das Salböl auch die Stiftshütte, deren Gerätschaften und die Altäre geheiligt.

Später lesen wir auch von der Salbung von Königen (vgl. u. a. 1 Sam 10,1; Sam 16,1.13). Dadurch wurde ihnen *rechtlich* das Königtum zugesprochen. Salbung bedeutete auch Übertragung von Macht, Kraft und Ehre. Der Gesalbte galt als „unantastbar" (vgl. 1 Sam 24,7).

Im Neuen Testament verbinden wir Salbung mit dem Heiligen Geist (vgl. Joh 14,16; 2 Kor 1,21).

Gleicherweise heiligt der Name Jesus alles und jeden, mit dem er in Berührung kommt; er überträgt Kraft und königliche Macht. Das wollen wir uns im Hohelied einmal genauer ansehen.

Wir hatten zuletzt betrachtet, wie die Braut ihre Bereitschaft erklärte, zum Myrrhenberg zu gehen. Sie ergänzt das noch durch die Einladung:

Wach auf, Nordwind, und komm, Südwind! Lass duften meinen Garten, lass strömen seine Balsamöle[1]! (Hld 4,10a).

Südwinde sind warme Winde. Sie sind ein Bild für alle Segnungen und Gaben, die wir gerne erbitten und empfangen. Die Nordwinde sind kalt und ungemütlich; auf sie können wir gut und gerne verzichten. Die Braut aber weiß, dass ihr Garten beides braucht, und lädt auch den Nordwind ein. Sie möchte die Herrlichkeit und die Leiden ihres Bräutigams teilen.

Wir hatten auch schon betrachtet, wie beglückt der Bräutigam über die Absichtserklärung seiner Geliebten ist, und wie er sie zum ersten Mal „Braut“ nennt. Denn sie hat jetzt den Weg betreten, an deren Ende die vollkommene Vereinigung stehen wird.

Das ganze 4. Kapitel beschreibt in vielen Bildern und Vergleichen ihre Freude aneinander.

Die Prüfung der Braut

Im nächsten Kapitel wird das Gebet der Braut um den Nordwind erhört. Sie wird in eine Prüfung hineingeführt. Wieder ist sie auf der Suche nach ihrem Geliebten, auch wenn unter ganz anderen Voraussetzungen als in den Kapiteln zuvor. Doch diesmal wird ihr übel mitgespielt.

Ich suchte ihn, doch ich fand ihn nicht. Ich rief ihn, doch er antwortete mir nicht. Es fanden mich die Wächter, die die Stadt durchstreifen. Sie schlugen mich, verwundeten mich. Die Wächter der Mauern nahmen mir meinen Überwurf weg (Hld 5,6b-8).

[1] „Balsamöle bester Art“ gehörten übrigens auch zu den Substanzen des Salböles.

Bei ihrer ersten Suche (Kapitel 3) bat sie die herumstreifenden Wächter noch um Hilfe. Sie konnten ihr zwar auch nicht sagen, wo der Bräutigam sich aufhielt, aber sie ließen sie selbst in Ruhe. Jetzt wird sie von ihnen geschlagen, gedemütigt, verletzt. Selbst die Wächter der Mauer, die „Schutzwächter", berauben sie statt zu schützen. So steht sie da, in der Dunkelheit, in der Einsamkeit, entblößt, alleingelassen, verwundet. Was wird sie tun? Wird sie sich beklagen, bemitleiden? Wird sie Gott Vorwürfe machen, sich an ihm ärgern? Wird sie Angst bekommen und sich zurückziehen? Was wird sie tun?

Sie wird beobachtet von den Töchtern Jerusalems (V. 8+9). Auch wir werden beobachtet von den Menschen um uns herum, wie wir in Schwierigkeiten reagieren. Oft sind andere nicht beeindruckt, wenn wir immer ein breites Lächeln auf dem Gesicht haben, weil es uns so gut geht. Aber wenn es uns dreckig geht, wenn es uns erwischt hat, wie reagieren wir dann?

In dieser Situation fängt die Braut an, von ihrem Bräutigam zu schwärmen. Sie beschreibt ihn von Kopf bis Fuß und endet mit der Feststellung:

> *... alles an ihm ist begehrenswert. Das ist mein Geliebter und das mein Freund, ihr Töchter Jerusalems!* (Hld 5,16).

Diese Situation offenbart ihr Innerstes. Es kommt das aus ihr heraus, was „drin" ist. Stellen Sie sich einen Schwamm vor. Haben Sie ihn in Milch gelegt, wird bei Druck auch Milch herauskommen. Haben Sie ihn in Wasser gelegt, wird Wasser herauskommen. Haben Sie ihn in Wein gelegt, wird Wein herauskommen. Die Braut ist angefüllt von IHM selbst. Bei Tag und Nacht hat sie sein Bild vor Augen. Sie ist ganz auf den Bräutigam ausgerichtet.

> *Ich schlief, aber mein Herz war wach. Horch, mein Geliebter klopft ...* (Hld 5,2a).

Selbst im Schlaf bleibt ihr Herz ansprechbar. Wir sind manchmal so gefangen genommen vom Alltagsgeschehen und von Sorgen, dass es uns bis in unsere Träume verfolgt. Dadurch überhören wir leicht das Anklopfen. Nicht so die Braut. Als sie jetzt unter Druck gerät, fließt dieser über alles geliebte Name aus ihr heraus.

... ausgegossenes Salböl ist dein Name (Hld 1,3b).

Jetzt wird die Kraft des Namens sichtbar. Die Töchter Jerusalems bleiben keine Beobachter mehr. In ihnen wird ein Verlangen geweckt, und sie bieten sich an, bei der Suche mitzuhelfen. Sie wollen diesen außergewöhnlichen Liebhaber ebenfalls kennenlernen (vgl. Hld 6,1-2).

Dieser Name ist ihre Autorität.

Die Autorität der Braut

Der Bräutigam hat seinen Namen – und damit auch seine Natur – in sie hinein „ausgegossen“. Indem sie seine liebenden Küsse empfangen hat und durch den Duft bereit wurde, ihm – dem Lamm –, überallhin zu folgen, wurde sie aufnahmefähig dafür. Es geht nicht darum, den Namen Jesus zu kennen oder ihn zu gebrauchen, indem wir „in seinem Namen“ beten. Es geht darum, den Namen so in uns hineingießen zu lassen, dass er uns „salbt“. Das ist nicht die Salbung des Heiligen Geistes (die dürfen wir außerdem haben), sondern das ist das Salböl seines Namens. Diese Salbung macht uns wesensgleich mit dem Bräutigam. Damit können wir ihn wirklich auf Erden repräsentieren.

Am Anfang folgt sie dem Duft, der von dem liebenden, sanftmütigen Herzen ausgeht. Während dieser Nachfolge, indem sie seinen Fußspuren folgt, wird durch das Aufnehmen seiner Liebessalbung genau das auch in ihr hervorgebracht. Folgte sie vorher dem Duft, verströmt sie ihn jetzt selber. „Salben“ kann man auch mit „einseifen“ übersetzen; die Braut ist mit dem Namen Jesus „eingeseift“, sie duftet selbst nach ihm. Sie trägt diesen Namen noch auf viel tiefere Weise, als ich seit unserer Hochzeit den Namen meines Mannes trage. So, wie ich jetzt der Lorenz-Familie zugerechnet werde, so erkennt auch der Vater sie als Braut seines Sohnes. Jesus sagt einmal:

Nicht jeder, der zu mir sagt: Herr, Herr! wird in das Reich der Himmel hineinkommen, sondern wer den Willen meines Vater tut, der in den Himmeln ist. Viele werden an jenem Tag zu mir sagen: Herr, Herr! haben wir nicht durch deinen Namen geweissagt und durch deinen Namen Dämonen ausgetrieben und durch deinen Namen viele Wunderwerke getan? Und dann werde ich ihnen bekennen: Ich habe euch niemals gekannt, weicht von mir, ihr Übeltäter (Mt 7,21-23).

Hier wird von Menschen gesprochen, die einen Dienst hatten, der durchaus dem biblischen Auftrag entspricht: Dämonen austreiben, weissagen und Wunder tun. Sie haben das auch nicht in ihrem eigenen Namen getan, sondern im Namen Jesu. Und trotzdem fehlte etwas Entscheidendes: Sie bewegten sich nicht innerhalb seines Willens und waren bei ihm nicht bekannt, d. h. sie standen nicht in einer Beziehung zu ihm.

Und genau das bedeutet die Brautsalbung. Erinnern wir uns an die „Speise des Bräutigams". Dabei ging es nicht nur darum, zu gehorchen, weil es zu „unserem Besten" ist, sondern weil der Gehorsam uns in Übereinstimmung mit seinem Willen bringt. Und SEIN Wille wiederum ist in Übereinstimmung mit dem Willen des Vaters. Die Beziehung der Braut beruht nicht auf einer Information über jemand, ist nicht nur eine Bekanntschaft oder Freundschaft, sondern ein verbindliches, auf ewig angelegtes Bündnis durch eine Liebesbeziehung.

So, wie Esther im Alten Testament auf Grund ihrer Stellung als Königin und Ehefrau des Königs für ihr Volk eintrat – und Gunst bei ihm bekam –, so hat die Braut Autorität und Gunst aufgrund ihrer Beziehung zum Bräutigam.

Als Söhne und Töchter Gottes sind wir alle berufen, unser Erbe in Besitz zu nehmen. Als Gott das Volk Israel damals aus Ägypten befreite, wollte er sie alle ins Gelobte Land – ein Bild für unser Erbe – bringen. Aber nur zwei, Josua und Kaleb, schafften es tatsächlich hinein. Die anderen kamen in der Wüste um. Sie waren alle aus Ägypten befreit worden – wir können also „gerettet" sein, aber unter unserem Niveau leben. Die Wüste ist nicht das Niveau, das Gott seinem Volk und seiner Gemeinde zugedacht hat. Er möchte uns in ein Land bringen, wo „Milch und Honig" fließen, wo wir die Fülle seiner Gnaden auskosten dürfen.

Darum wirbt er um uns, darum möchte er uns küssen und mit seiner Liebe und Gegenwart beschenken, möchte sich uns offenbaren und nah an sein Herz ziehen.

Jetzt kann die Braut selbst diesen Namen auch als Salböl ausgießen, diesen kraftvollen Namen, in dem Zeichen und Wunder, Heilung und Erneuerung geschehen. Im vorherigen Kapitel wurde dies schon mit einem anderen Bild beschrieben: Durch das sterbende Weizenkorn wird die Lebenskraft freigesetzt.

Dies ist die Brautsalbung (durch den Namen Jesus), im Unterschied zur Dienstsalbung (durch den Heiligen Geist). Beide Begriffe sind nicht in der Bibel zu finden, doch zumindest der letztere ist uns trotzdem geläufig.

Nur vollständigkeitshalber will ich erwähnen, dass die Braut zum Dienst **auch** die Salbung des Heiligen Geistes braucht – genau wie Jesus. Als Jesus getauft wurde, kam der Heilige Geist **auf** ihn, und erst danach begann er öffentlich zu wirken und zu dienen. Er bezeugt es selbst, als er nach dem Lesen des Jesjawortes *„Der Geist des Herrn ist auf mir, weil er mich gesalbt hat“* (Jes 61,1-2) in der Synagoge bezeugt: *„Heute ist dieses Wort vor euren Ohren erfüllt“* (Lk 4,21).

Die Jünger sollten in Jerusalem warten, bis sie die Verheißung des Vaters empfangen hatten (vgl. Apg 1,4), ehe sie anfangen konnten, ihrem Auftrag nachzukommen. Die Ausgießung des Heiligen Geistes ist bis heute eine absolute Voraussetzung, um in Kraft und Vollmacht dienen zu können. Darüber sind viele Bücher geschrieben worden, sodass ich nicht näher darauf eingehen möchte.

Ich möchte es so ausdrücken: Die Brautsalbung gibt Autorität durch Beziehung – die Salbung des Heiligen Geistes gibt Autorität zum Dienst.

Die Kraft der Brautsalbung liegt darin, dass sie repräsentiert, wer Jesus *ist*. Die Kraft der Dienstsalbung liegt darin, zu demonstrieren, was Jesus *tut*. Im Leben und im Dienst Jesu kam beides zusammen:

Durch das „Salböl seines Namens“ offenbarte er durch sein Leben, wie sein Vater ist: „Wer mich sieht, sieht den Vater.“

Durch die Salbung des Geistes tat er die Werke, die er seinen Vater tun sah.

Dazu ist auch die Gemeinde berufen. Sie kann diesem Auftrag nur wirklich nachkommen, wenn sie auch die Brautsalbung empfängt.

Den Bräutigam kennen

Als ich damals das Hohelied las, bat ich den Heiligen Geist, mich zu weiteren Bibeltexten zu führen, die mir helfen würden, Jesus besser kennenzulernen. Wie sollte ich ihn stets vor Augen haben? Er zeigte mir dann folgenden Bibelabschnitt:

> *... als ich mich umwandte, sah ich sieben goldene Leuchter, und inmitten der Leuchter [einen] gleich einem Menschensohn, bekleidet mit einem bis zu den Füßen reichenden Gewand und an der Brust umgürtet mit einem goldenen Gürtel; sein Haupt aber und die Haare [waren] weiß wie weiße Wolle, wie Schnee, und seine Augen wie eine Feuerflamme und seine Füße gleich glänzendem Erz, als glühten sie im Ofen, und seine Stimme wie das Rauschen vieler Wasser; und er hatte in seiner rechten Hand sieben Sterne, und aus seinem Mund ging ein zweischneidiges, scharfes Schwert hervor, und sein Angesicht [war], wie die Sonne leuchtet in ihrer Kraft* (Offb 1,12b-16).

Welch eine gewaltige Offenbarung! Johannes kannte Jesus gut; er wurde der Jünger genannt, „den Jesus lieb hatte" bzw. „der an seiner Brust lag". Doch als Jesus sich ihm auf diese Weise offenbart, fällt er wie tot um. Ich verbrachte immer wieder Zeit damit, über diese Offenbarung von Johannes zu meditieren, und sie wurde eine Fundgrube für mich. Ich möchte Sie teilhaben lassen an den Schätzen, die ich nach und nach entdeckte.

Sein Gewand

... reicht bis zu den Füßen und bedeckt den ganzen Leib.

In der Bibel wird die Gemeinde mit seinem Leib verglichen (vgl. 1 Kor 12,27; Eph 1,22-23). So könnte man den Text auch lesen: Sein Gewand reicht bis zu den Füßen und bedeckt die ganze Gemeinde. Was bedeutet das?

Im Buch Ruth 3,7-9 entdeckte ich eine Szene, bei der sich Ruth um Mitternacht zu den Füßen von Boas gelegt hat. Als er aufwacht und sie anspricht, bittet sie darum, er möge **den Saum seines Gewandes über sie ausbreiten,** weil er **der Löser** sei.

Nun ist es hilfreich zu wissen, was ein „Löser“ (hebr. *goel*) ist. Nach 3. Mose 25,25-30 gehörte das Land Jahwe. Er hatte es Israel gegeben. Darum durfte es auf ewig nicht verkauft werden und musste gelöst werden. Das ist der Grund für die Aufgabe des Lösers. Wenn z. B. ein verarmter Israelit Land verkaufte, so sollte der Löser es für ihn zurückkaufen. Und wenn eine Witwe kinderlos zurückblieb, hatte der Verwandte die Pflicht, sie zur Frau zu nehmen (vgl. 5. Mose 25).

Der Ausdruck „breite dein Gewand über mich“ ist eine Bitte um die Hochzeit. Die Antwort des Boas in Vers 10 bestätigt das. Ein ähnlicher Begriff wird in Hesekiel 16,8 verwendet.

Für Rut wurde Boas der Löser; für uns ist Jesus der Löser. Er hat alles zurückgekauft, was wir verloren haben.

So wie Ruth sich Boas „zu Füßen legte“, in dem Vertrauen, dass es in seiner Macht stand, zu helfen, dürfen wir uns Jesus anvertrauen. Und er wird dann nicht nur der Retter, sondern er breitet sein Gewand über uns, er wird unser Ehemann.

Dieses Bild hat mich zutiefst berührt. Übertrage ich diese Erkenntnisse aus der Geschichte von Ruth auf die Offenbarung von Johannes, wie er Jesus sieht, dann sehe ich mich dort „bedeckt von dem Gewand, das bis zu den Füßen reicht“. Nicht nur mir gilt das, sondern der ganzen Gemeinde. Wie sicher, wie geborgen bin ich da!

Der goldene Gürtel, der das Gewand an der Brust umgürtet, drückt dem noch ein Siegel auf.

Gold ist ein Bild für „absolut rein“, „siebenfach geläutert“, ein Bild für Treue und Wahrhaftigkeit.

Bei dem Gürtel musste ich noch an Hiob denken, wie Gott zu ihm sagt: „Gürte dich, ich will dich fragen und du sollst mir antworten" (Hiob 40,6). Wir würden vielleicht sagen: „Verantworte dich!" „Stehe Rede und Antwort!"

Jesus verantwortet sich für seine Gemeinde, für sein Versprechen ihr gegenüber. Er ist es, der sich für sie heiligt, der sie gerecht spricht, der sie versorgt und nährt. Er vermag es, sie untadelig vor das Angesicht Gottes zu stellen; er ist ihr Schutz, ihre Hilfe, ihre Stärke.

Mein Bräutigam ist mein Löser (Erlöser). ER hat sein Gewand über mich gebreitet und mir ein Eheversprechen gegeben! Halleluja!

Seine Stimme

„... [ist] wie das Rauschen vieler Wasser."

Das Rauschen weist auf fließendes Gewässer hin, also etwas Stetiges. „Viele" Wasser erinnern mich an die Niagarafälle, die wir einmal besuchten. Schon von weitem kann man das Getöse der herabfallenden Wassermassen hören, unaufhörlich. Eine Stimme hört man aber nur, wenn auch gesprochen wird. Wenn eine Person schweigt, kann man ihre Stimme nicht hören. Wie passt dann das Bild vom Rauschen vieler Wasser dazu? Es muss etwas anderes bedeuten.

Als ich darüber nachsann, entdeckte ich einen interessanten Vers in 1. Mose 4,10. Da sagte Gott zu Kain: „Horch! Das Blut deines Bruders schreit zu mir vom Ackerboden her." Blut hat eine Stimme! Gott sagt: „Horch!"

Es ist, als mache er darauf aufmerksam. „Hörst du es nicht? Ich habe es gehört, und es ist ein Schreien!"

Das Blut schreit! Und mit einem Mal war mir, als würden meine geistlichen Ohren geöffnet, und auch ich konnte das Blut schreien hören. Aber nicht das Blut von Abel, sondern das Blut Jesu. Sein Blut ist auf Golgatha nicht nur auf die Erde getropft und versickert, nein – bis heute schreit das Blut mit lauter Stimme und erfüllt das ganze Universum. Diese Stimme ist wahrlich wie das Rauschen vieler Wasser und übertönt alles andere. Sie verkündigt den Sieg Jesu und gellt in den Ohren des Feindes. Würden Frösche auf dem Grund eines mächtigen Wasserfalles quaken – man würde es nicht hören. Jedes Geschrei des Feindes ist nur ein Quaken im Vergleich zu dem Geschrei des Blutes, diesem Siegesschrei.

Der Himmel ist erfüllt davon, die Erde und auch das Totenreich. Es gibt keinen Platz, wo seine Stimme nicht zu hören wäre. Der Feind zittert, weil er sie hört. Wir zittern oft, weil wir sie **nicht** hören. Ach, wären unsere Ohren doch immer so geöffnet für diese Stimme! Es ist Kraft in dem Blut! Es ist Heilung in dem Blut! Es ist Vergebung und Erlösung in dem Blut! Es ist Sieg in dem Blut Jesu!

Das ist die Stimme des Bräutigams!

Sein Mund

Aus seinem Mund *„ging ein scharfes, zweischneidiges Schwert hervor ...“*

Was für ein Bild! Wenn schon die ganze Feindesmacht beim Klang seiner Stimme erzittert, wie ist es dann, wenn er anfängt zu sprechen! Aus der Waffenrüstung (vgl. Eph 6) kennen wir das Schwert als das Wort Gottes. In Offenbarung 2,16 und 19,15 lesen wir, wie er Nationen niederstreckt mit dem Schwert aus seinem Mund und *„Krieg führt“*. Gott hat durch sein Wort ALLES erschaffen, und durch sein Wort verteidigt er es auch.

Er verteidigt uns, seine Braut.

Mit seinen Geliebten spricht er allerdings anders.

In Hohelied 5,13.16 schwärmt seine Braut, seine Lippen seien wie Lilien, triefend von Myrrhe, und sein Gaumen sei süß. Die Worte, die er spricht, sind *„wie Honig“* (vgl. Ps 119,103) und wir dürfen sie kosten, darüber nachdenken und sie genießen.

Gerade der Psalm 119 lässt in vielen Facetten aufleuchten, wie er mit uns, seinen Kindern, seinen Geliebten und seiner Braut spricht.

Er lässt sein Wort *„leuchten für unseren Fuß“* (V. 105); es *„richtet uns auf“* (V. 30); es *„lehrt uns“* (V. 33); es *„leuchtet und gibt Einsicht“* (V. 130); es *„befestigt unsere Schritte“* (V. 133) und es *„erfreut unser Herz“* (V. 162).

Doch gegen den Feind richtet er das Wort als Schwert. Sollte die Macht des Feindes seine Geliebte überlisten, sie täuschen und gefangen nehmen wollen, wird er auch da durch die Schärfe seines Wortes eingreifen. Wir haben einen Bräutigam, der FÜR uns kämpft!

Sein Haupt und seine Haare

„… waren weiß wie Wolle, wie Schnee."

Johannes sieht Jesus nicht mit einer Königskrone, als Zeichen der Herrschaft, sondern er sieht sein Haupt bedeckt von Haaren *„weiß wie Wolle, wie Schnee"*. Letzteres ist ein Bild für Reinheit und Lauterkeit. Die Motive seiner Herrschaft sind rein. In Offb 6,10 wird er als *„heiliger und wahrhaftiger Herrscher"* angesprochen. Darum kann die Braut und die Gemeinde sich ihm gerne unterordnen und anvertrauen.

Seine Augen

„… sind wie Feuerflammen."

Das mag erst einmal erschrecken. Man fühlt sich „durchschaut". Da liegt einem die Beschreibung aus dem Hohelied schon näher:

> *Seine Augen sind wie Tauben an Wasserbächen, in Milch gebadet* (Hld 5,12).

Diese Stelle erinnert mich an den Bericht von Rick Joyner aus seinem Buch „Der letzte Auftrag". Er beschreibt darin, wie er zum Richterstuhl Gottes geht. Allein der Gedanke, am Anfang durch diese Tür zu gehen, die ihm den Weg dahin eröffnete, wirkte auf ihn dermaßen bedrohlich, dass er wieder umkehrte. Als er es dann doch wagte und sich dem Richterstuhl näherte, spürte er zunehmende Erleichterung. Es war einfach wohltuend, sich nicht mehr verstecken zu müssen, ans Licht kommen zu dürfen. Nur solange wir etwas verbergen wollen, werden wir diesen Augen ausweichen. Hinter diesem Verstecken liegt die Angst, verurteilt oder abgelehnt zu werden. Denn so haben wir es im Leben oft erfahren. Deshalb lassen wir andere nur das sehen, was uns vorteilhaft erscheint.

Doch Jesus verurteilt uns nicht, sondern hat die Strafe schon auf sich genommen, damit wir frei ausgehen können. Er lehnt uns nicht ab, sondern hat uns schon geliebt, als wir noch Sünder waren. Als Adam und Eva noch im Paradies lebten, waren sie nackt und schämten sich nicht. Das ist die Schönheit in einer Beziehung: Wenn man sich ungeschminkt und nackt zeigen kann, ohne Scham. Wenn Jesus uns mit Augen wie Feuer durchleuchtet, dann setzt er uns frei – in seinem Licht kann sich keine Finsternis halten. Wir dürfen uns anschauen lassen und wissen: In seiner Liebe umarmt er den Kranken, um ihn zu heilen. In seiner Liebe reinigt er uns von aller Sünde, die uns anklebt und lähmen will. In seiner Liebe beschenkt er die Armen und stärkt die Schwachen. Er kennt uns besser, als wir uns selbst kennen.

Lassen Sie sich anschauen von diesen feurigen Augen. Sie sind brennend von Leidenschaft, Liebe und Hingabe. Sie werben um Sie und mich, indem sie alles verzehren, was dem im Weg steht.

Seine Füße

„... gleich glänzendem Erz, als glühten sie im Ofen."

Die Bedeutung dieser Aussage wurde mir durch folgendes Erlebnis erhellt: In einer Lobpreiszeit mit Geschwistern sprach mir ein Bruder prophetisch zu, der Herr wolle mir an diesem Tag meine „Brautschuhe" geben. So blieb ich während der weiteren Anbetung innerlich besonders aufmerksam, um sie zu empfangen. Dabei fragte ich mich schon, wofür „Brautschuhe" eigentlich gut sind. Auf meiner eigenen Hochzeit mit Peter hatte ich sie als hübsch und passend zum Kleid empfunden, aber auch höchst unbequem. Was mochte das Geschenk jetzt bedeuten?

Auf einmal sehe ich in einem inneren Bild Jesus auf mich zukommen. Er hält seine Hand so, als würde er etwas tragen. Dann kniet er sich vor mich hin und zieht mir Schuhe an. Dabei erklärt er. „Diese Schuhe werden dich befähigen, immer bei mir zu stehen." Das Komische ist, dass ich die Schuhe nicht sehen kann, obgleich ich ja weiß, dass es die versprochenen Brautschuhe sein müssen. Somit wünsche ich: „Bitte, zeig mir die Schuhe." Doch er fügt nur einen zweiten Hinweis hinzu:

„Sie sind aus dem gleichen Material gemacht wie meine Schuhe." Meine Augen wandern zu seinen Füßen – doch sie sind von seinem Gewand verdeckt. „Kannst du mir deine Schuhe mal zeigen?", frage ich. Als Antwort bekomme ich obigen Vers: „Meine Füße gleichen glänzendem Erz, als glühten sie im Feuer." Ich weiß, dass in jedem dieser drei Sätze, die er sagt, eine tiefere Bedeutung stecken muss, nur welche? „Bitte, kannst du mir das nicht genauer erklären?", hake ich nach. Freundlich lächelt er mich an – und fast weiß ich bei diesem Lächeln schon, was kommen wird: „Die Liebe wird es dich lehren. Bleib mit mir auf Liebesreise."

So blieb ich die nächsten Monate dran, um dieses Liebesgeschenk meines Bräutigams auszupacken und zu verstehen. Ich wusste, ich würde die Antwort in seinem Liebesbrief, der Bibel finden. So war es auch.

Ich bekam Schuhe, „damit ich immer bei ihm stehen kann".

Mose musste seine Schuhe ausziehen, als er sich dem brennenden Dornbusch näherte, weil es „heiliger Boden" war, auf dem er dann stand (vgl. 2 Mo 3,5). In Gottes Nähe zu stehen heißt, „heiligen Boden" zu betreten. Unter Heiligkeit stellen wir uns meist zuerst Fehlerlosigkeit vor. Aber es bedeutet eher „für Gott abgesondert" zu sein, ihm zugeordnet.

Mose war einen eigenen Weg gegangen, um Israel von der Knechtschaft zu befreien. Jetzt rief Gott ihn von seinem eigenen Weg, der ihn zum Flüchtling und Schafhirten in der Wüste gemacht hatte, weg und berief ihn auf SEINEN Weg. Er sollte Hirte und Führer für Israel werden. Damit betrat er heiligen Boden. An diesem brennenden Dornbusch offenbarte Gott seine Pläne und beauftragte Mose. Er war ab jetzt abgesondert für Gott. Im übertragenen Sinne bekam er dort ebenfalls „Brautschuhe" an, die ihn immer befähigten, nahe bei Gott zu bleiben. Davon gibt sein weiterer Lebensweg ein starkes Zeugnis.

Mir gab Gott diese Schuhe an einer anderen Station meines Lebens, auf meiner Liebesreise. Ich empfing damit nicht einen neuen Dienstauftrag, sondern einen Liebesauftrag. Wie immer mein Alltag aussieht, welche Dienste oder welche Arbeit ich auch immer zu tun habe, meine „Brautschuhe" helfen mir und erinnern mich, dass ich als Braut an die Seite meines Bräutigams gehöre. Ich gehöre Ihm. Das ist heiliger Boden.

Ich gehöre meinem Geliebten, und mein Geliebter gehört mir, er, der in den Lilien weidet (Hld 6,3).

Ich hatte die Schuhe in meinem inneren Bild nicht „sehen" können, obgleich ich mir das gewünscht hatte. Aber auch damit verband sich eine göttliche Absicht. Mein Stehen an seiner Seite und in seiner Nähe würde nicht immer von „Sehen" begleitet werden, sondern von Vertrauen. Als Jesus mir die Schuhe anzog, vertraute ich darauf, dass es die Brautschuhe waren, die mir ein Bruder vorher zugesprochen hatte, obwohl ich sie nicht sah. In meinem täglichen Wandel würde ich dem Wort Gottes und seinen Verheißungen vertrauen müssen und nicht meinen Erlebnissen. Ich kann mich nicht abhängig davon machen, ob ich Gottes Gegenwart und Nähe spürbar erlebe oder nicht. Es gibt Zeiten, da darf ich in eine Wolke seiner Herrlichkeit eintauchen. Dann gibt es Zeiten, da spüre ich nur Sehnsucht, Verlangen und Liebeskummer, weil er mich warten lässt. Aber die Brautschuhe helfen mir, meinen Posten nicht zu verlassen.

Aus welchem Material sind diese Schuhe? Sie müssen über Füße passen, die wie glänzendes Erz sind, das im Ofen glüht. In dem Text der Offenbarung wird nicht geschrieben, dass Jesus mit seinen Füßen im Feuer steht und diese Hitze das Erz zum Glühen bringt. Nein, diese Gluthitze muss **in** seinen Füßen sein. Andere Übersetzungen sagen: *„Seine Füße glänzten wie flüssiges Gold im Schmelzofen"* (Hfa).

In Epheser 6,15 lesen wir, dass wir an den Füßen beschuht sein sollen mit der Bereitschaft, das Evangelium des Friedens zu verkündigen. Nach Pfingsten fing die Gemeinde an, darin zu laufen.

Als sich Jesus dem Johannes offenbart, trägt er ihm Botschaften an die sieben Gemeinden in Asien auf. Dann darf Johannes einen Blick in den Himmel tun. Er sieht den Tag des Herrn und den Ausgang, den die Menschheitsgeschichte nehmen wird. Wenn man diese Kapitel liest, merkt man, wie sich alles zuspitzt. Der Kampf nimmt an Intensität zu, die Geburtswehen steigern sich, um dieses neue Königreich in Existenz zu pressen. Jesus ist bereit, sein Land als König einzunehmen. Josua erlebte, dass ihm alles Land, auf das er seine Fußsohlen stellte, gegeben wurde (vgl. Jos 1,3). Auch Jesus wird seine Füße auf das Land stellen, das ihm gehört. Die Hitze wird alles, was Stroh und Stoppeln ist, verbrennen, und alles Gold wird er zum Glühen bringen. Es wird dann kein Hinken mehr auf beiden Seiten geben, keine Lauheit und Halbherzigkeit. Jesus ist bereit, seinen Lauf zu vollenden – und das zusammen mit seiner Braut.

Zieh mich dir nach – so laufen wir (Hld 1,4 Lu84).

Doch dieser Eifer, diese Liebesglut ist keine zerstörerische Macht, sondern eine Zeit der Wiederherstellung. Die ganze Schöpfung seufzt und sehnt sich nach dem Offenbarwerden der Kinder Gottes. Die Erlösung naht (vgl. Röm 8,19-22).

Seine Füße wie glänzendes Erz künden von dem Siegeslauf. Johannes sah Jesus ohne Krone, stattdessen sah er Füße, die bereit waren, das Land in Besitz zu nehmen, das ihm gehört. Wenn Jesus „darübergelaufen" ist, wird es ein heiliges Land sein. Dann wird der Löwe beim Lamm liegen und die Kriegsgeräte in Pflugscharen umgerüstet werden. Die Vorbereitungen dazu beginnen schon jetzt. Die ersten Wehen haben bereits eingesetzt. Es ist Zeit, die Brautschuhe anzuziehen – nicht nur für mich.

Haben wir unseren Bräutigam auch allezeit so vor Augen wie die Braut im Hohelied?

Es ist Zeit, dass wir mit ihm eilen, die Ernte einzubringen, damit dann wirklich die Hochzeit gefeiert werden kann.

Kapitel 5

Der Lauf des Bräutigams: gemeinsam die Ernte einbringen

... Zieh mich dir nach, lass uns eilen ... (Hld 1,4).

Der Lauf des Bräutigams hier auf der Erde begann in einer Krippe in Bethlehem und endete am Kreuz. Sein Leben hat ein Beispiel hinterlassen, wie dieser Lauf aussehen kann. Nach seiner Auferstehung hat er das Staffelholz an seine Gemeinde weitergegeben, und diese läuft bis zu seiner Wiederkunft. Doch läuft sie nicht auf sich gestellt, sondern mit ihm zusammen. Ihr Fokus ist auf ihn gerichtet, und sie eilt an seiner Seite, da die Zeit kurz ist. Ich möchte das durch einen Traum, den Gott mir vor einigen Jahren schenkte, veranschaulichen.

Noch eine kleine Zwischenbemerkung: Wenn ich immer wieder von meinen Eindrücken, Visionen oder Träumen schreibe, dann deshalb, weil sie mir eine große Hilfe waren. In der Regel animieren sie mich zu einem intensiven Bibelstudium. Es ist für mich, als würde Gott ein neues Kapitel aufschlagen und mir einen Stups geben.

Auch Petrus half die Vision von den unreinen Tieren zu verstehen, dass jetzt die Zeit gekommen war, den Heiden – die bei den Israeliten als „unrein" galten – das Evangelium zu verkündigen (vgl. Apg 10,9-20.34-36). Er brauchte es als Ermutigung, um nicht zu zweifeln (V. 20). Wahrscheinlich hätte ich nie das Hohelied so intensiv studiert, wenn ich nicht die Vision mit dem Brautkleid gehabt hätte.

Traum: Fliegen oder laufen

Nun zu dem Traum:

Ich befinde mich auf unserem Bahnhof und merke, dass ich meine Fahrkarte zu Hause vergessen habe. Ein Blick auf die Uhr zeigt mir, dass ich mit ein bisschen Beeilung es noch schaffen könnte, sie zu holen. Im leichten Dauerlauf geht's los. Auf einmal stelle ich fest, dass der Boden unter mir wie bei einem Laufband durchzieht. Obwohl er immer schneller wird, kann ich mein Tempo beibehalten. Das wundert mich. Im Fitnessstudio würde man ins Stolpern kommen. Es ist, als würde ich mit einem Schritt 4–6 Meter zurücklegen. Ich lache: „So werde ich schnell am Ziel sein und komme dabei nicht einmal aus der Puste." Berühre ich den Boden überhaupt noch? Nein, ich laufe inzwischen in der Luft, etwa 30 cm über dem Boden.

Verwundert schaue ich auf meine Füße. Unaufhörlich tun sie ihre Arbeit. Unglaublich! Und jetzt geht es höher und höher und höher. Bald kann ich über die Dächer schauen, dann über die Bäume, und immer noch geht es aufwärts. Wie in einem Lift steige ich auf, besser gesagt „laufe" hoch. Doch die Beine bewegen sich fast im Zeitlupentempo, verglichen mit der Schnelligkeit und Leichtigkeit, mit der ich dahingleite. „Ich fliege! Ich fliege! Ich kann fliegen!", jauchze ich. Dabei denke ich zurück an meine Kindheit, wo ich mir manchmal gewünscht hatte, ein Schmetterling oder Vogel zu sein. Ich fliege – ganz ohne Flügel. Laut sage ich zu mir selber: „Jetzt darf ich das tatsächlich erleben – und nicht erst im Himmel."

Ich spüre, wie der Wind an mir vorbeistreicht. Unter mir breitet sich eine hügelige Landschaft aus, in die sich da und dort kleine Dörfer mit Kirchtürmen einkuscheln. Köln liegt schon weit hinter mir, aber Entfernung spielt keine Rolle mehr. „Ich fliege! Ich fliege!" Immer wieder muss ich meinem Herzen Luft machen und der staunenden Freude Ausdruck geben. Dann kommt eine Gewissheit über mich und ich rufe laut: Das muss Hohelied 1,4 sein: „Zieh mich dir nach, lass uns eilen."

Im nächsten Moment befinde ich mich in meinem Zimmer zu Hause, nehme die Fahrkarte und will mich auf den Weg zum

Bahnhof machen. Doch als ich durch die Haustür komme, sitze ich auf den Schultern von „Jemand", den ich im Augenblick nicht identifizieren kann. Mit schnellen Schritten geht der „Jemand" los und ich rätsele wer das ist, der mich trägt. Bald bemerke ich, dass uns ein Mann folgt, und ein mulmiges Gefühl im Bauch zeigt mir an, dass Gefahr von ihm ausgeht. „Du musst schneller laufen", weise ich den „Jemand" an. „Ich lauf so schnell ich kann", antwortet er mir – ohne Worte. Ich stelle fest, dass wir gegenseitig unsere Gedanken wahrnehmen können.

Auf einmal hat unser Verfolger ein Moped und kommt bedrohlich nahe. Aber auch mein „Jemand" hat sein Tempo gesteigert und hetzt immer knapp vor ihm her. Ich fange an zu beten. Zwischendurch frage ich ihn ungeduldig, warum er eigentlich nicht fliegen kann. Ich kläre ihn auf, dass ich eben noch geflogen bin. Dann bete ich wieder, diesmal in Sprachen. Aus den Augenwinkeln beobachte ich, wie der Mopedfahrer in sein Handy spricht. Ich ahne, dass er Verstärkung holen will. Ich schaue nach vorne und sehe in einiger Entfernung Leute eine Straßenblockade errichten. Es gibt nur diese eine Straße, wir können nicht ausweichen. Hinter uns der Mopedfahrer, vor uns die vielen Menschen und die Blockade.

Wie eine dunkle Wolke hängt die Bedrohung über uns. Ich gehe in einen geistlichen Kampf, proklamiere Bibelverse und feuere den „Jemand" an, schneller zu laufen. Vielleicht gibt es noch eine Lücke in der Blockade, durch die wir hindurchschlüpfen können. Er tut sein Bestes, nur schade, dass er nicht fliegen kann. Jetzt sind wir ganz nahe an der Mauer – sie ist geschlossen. Ohne sein Tempo zu drosseln stürzt der „Jemand" darauf zu, und dann steigt er tatsächlich auf. Bevor uns die Leute packen können, ist er ihnen entwischt und bewegt sich zur Kuppe der Mauer. Ich will gerade aufatmen, als ich bemerke, wie mein „Jemand" keucht, wie ihm alle Muskeln zittern und er auf der Stelle verharrt. „Nein!", schreie ich entsetzt, „du darfst jetzt nicht schlapp machen. Sieh nach unten – das ist ein Hexenkessel. Wir sind verloren, wenn du wieder runtergehst." Es fehlt vielleicht noch ein Meter. Mit meiner ganzen Kraft, so laut ich kann, schreie ich: „Jesus! Jesus!“ Jetzt schiebt sich der „Jemand“ Zentimeter um Zentimeter nach oben. „Jesus! Jesus!“ Dann ist es geschafft, wir sind rüber – in Sicherheit!

Ich liege in meinem Bett. Es fühlt sich an, als würde ich den Wind des Fliegens noch fühlen, auch die Leichtigkeit, die blubbernde Freude in mir. Habe ich das erlebt oder nur geträumt? Wie wenn man Karussell fährt und nach dem Absteigen sich alles noch weiterdreht, so spüre ich das „Fliegen“ noch. Komisch, müsste der Schrecken der Bedrohung nicht noch nachwirken? Stattdessen dieses Glücksgefühl und dieser Satz: „Zieh mich dir nach, lass uns eilen.“ Darüber hatte ich schon gepredigt: „Die Braut hat nur einen Wunsch: dem Bräutigam nach. Sie hat ihren Fokus fest auf ihn ausgerichtet. Nimmt er sie mit in sein Gemach? Ist die Zeit der Hochzeit gekommen? Nein, er nimmt sie mit für den Lauf. Es gibt einen Lauf zu laufen und eine Ernte einzubringen, die der Bräutigam zusammen mit seiner Braut einholt.“

„Lass uns eilen“, heißt es da – ja, ich war im Traum „geeilt“. Würde sich dieser „Dienst“ dann so anfühlen – so leicht, so ohne Stress, so wunderbar? Wie fliegen? Den ganzen Vormittag kostete ich noch den Genuss des Fliegens.

Erst dann suchte ich eine Erklärung für den „Jemand“. Wer war das? Und warum bin ich dem Verfolger davongelaufen? Das ist so untypisch für mich. Ich sehe einer Gefahr gerne ins Gesicht und gebe nicht Fersengeld.

Im Gebet zeigte mir der Heilige Geist, dass der „Jemand“ meine Dienstsalbung und meine Gaben, mein Fasten, meine Gebete und meinen Glauben darstellten, die mich „trugen“. Ich musste nicht selbst laufen. Ich hatte schon ein wenig erlebt, wie die Salbung mich durch einen Dienst trägt (wir nennen es gewöhnlich: mit der Salbung fließen). Ich hatte schon erlebt, wie durch Geistesgaben auch Geisteswirkungen da waren. Ich hatte schon Kämpfe gehabt, durch die ich mich hindurchgebetet hatte (oder von der Fürbitte anderer getragen wurde) – wie im Traum. Doch welch eine Anstrengung war das im Traum, und oft auch im Leben! Es reichte immer für den Sieg, auch wenn es knapp war und zum Schluss alle Reserven mobilisiert werden mussten. Aber welch ein Unterschied zum Fliegen. Beim Fliegen erreicht man eine ganz andere, eine viel höhere Ebene. Doch was brauchen wir, um fliegen zu können?

Oft denken wir, dass mehr Gebet nötig ist – länger, anhaltender, mit mehr Beteiligung, in größerer Einheit, um zum Durchbruch zu kommen. Vielleicht haben wir uns auch ausgestreckt nach mehr Worterkenntnis, Prophetie oder Heilungsgaben. Oder wir meinen, dass wir mehr Glauben brauchen, um bestimmte Probleme zu lösen oder um das zu empfangen, was Gott geben will, wie z. B. Heilung. Schon die Jünger baten Jesus *„Mehre uns den Glauben"*.

Aber, würde das nicht am Ende nur zu einem größeren „Jemand" führen, der dann vielleicht noch etwas schneller laufen oder auch noch ein paar Meter höher steigen kann?

Andererseits gilt: *„Ohne Glauben ist es unmöglich, Gott zu gefallen"* (Heb 11,6). Der Glaube kommt aus der Predigt, diese aus dem Wort Gottes (vgl. Röm 10,17) Die Salbung lehrt uns (vgl. 1 Joh 2,27). Wir sollen eifern um die geistlichen Gaben (vgl. 1 Kor 13,1) und ohne Unterlass beten (vgl. 1 Thess 5,17). Was wollte Gott mir mit dem Traum sagen? Immer wieder sann ich darüber nach, dann verstand ich allmählich.

Mein Fliegen geschah ja überraschend. Ich hatte gar nichts dafür getan. „Das muss Hohelied 1,4 sein: ‚Zieh mich dir nach, so laufen wir'", hatte ich im Traum ausgerufen. Das musste der Schlüssel sein. In dieser Sehnsucht, in diesem Verlangen, nahe bei Jesus zu sein, lag die Kraft, die mich hochhob und fliegen ließ. Durch diese Bitte, zu ihm hingezogen zu werden, wurde die natürliche Schwerkraft überwunden und brachte mich auf die höhere Ebene.

Und bin ich bei Ihm, in seiner Nähe, dann lebe ich an der Quelle. Alles hängt von IHM ab. Seine Fülle wird dann zu meiner Fülle. Sein Reichtum wird zu meinem Reichtum. Seine Kraft, seine Weisheit – alles, was sein ist, ist ja auch mein. An seiner Seite lebe ich in einer Welt der unbegrenzten Möglichkeiten. Darum ist das Fliegen mit einer solchen Leichtigkeit verbunden. Es kommt nicht auf mich an; es kommt auf ihn an. Genau der Zuspruch, den der Heilige Geist mir doch täglich zuflüsterte, als ich als „Dreijährige" das Gewicht halten wollte.

Wenn ich auf seinem Schoß sitze, dann „weiß“ ich, dass alles, was ich ihm bringe und überlasse, in guten Händen ist und er sich darum kümmern wird. Die Augen des Herzens können es „sehen“, und dieses Sehen nennt man Glaube.

Genau da liegt auch das Problem mit dem „Jemand“.

Wenn ich mich statt auf Jesus auf das Maß meines Glaubens konzentriere, dann wird es anstrengend. Wenn ich denke, dass alles vom Gebet abhängt, wann habe ich dann genug gebetet? Wie oft habe ich schon gehört: „Das und jenes ist passiert, weil da auch stark und anhaltend gebetet wurde.“ Dann legt man sich motiviert wieder ins Zeug, ist diszipliniert, strengt sich an – und die Erweckung kommt trotzdem nicht. Allmählich lässt man nach, etwas frustriert, bis man irgendwann – vielleicht durch eine Predigt wieder aufgeschreckt –, über seine Lauheit Buße tut und das Ganze von vorne beginnt. Oder wir suchen unseren Glauben aufzubauen, in der Hoffnung, dass er irgendwann groß genug sein wird, dass man auch erfolgreich für Rollstuhlfahrer beten kann.

Dieser „Jemand“ ist wie eine **Kiste,** in die wir **unseren** Glauben**, unsere** Gaben, **unsere** Gebet**, unsere** Salbung, **unser** Fasten, usw. reinpacken. Aber es geht immer um uns. Wir haben vielleicht schon gelernt, nicht aufs Wasser zu schauen wie Petrus, das heißt nicht auf die Probleme. Aber statt auf Jesus zu schauen, schauen wir auf uns: Habe ich genug gebetet, genug gefastet, heilig genug gelebt, habe ich es „verdient“? Habe ich den Fluss des Geistes auch nicht verpasst, habe ich richtig gehört und alles richtig gemacht?

So kreisen wir um uns selbst, obwohl wir auch geistliche Werkzeuge einsetzen. Tatsächlich kriegen wir damit das eine oder andere hin, weil der Vater in seiner Gnade uns nie im Stich lässt. Nur schreiben wir es dann oft dem „richtig gemacht“ zu, und nicht seiner Gnade.

In der falschen Blickrichtung liegt auch das Problem mit dem „Davonlaufen“. Wenn wir nicht auf Jesus schauen, kann uns der Feind so beeindrucken, dass wir in die Defensive gehen, statt dass wir widerstehen oder angreifen.

Warum sind wir so beeindruckt vom „Feind Krankheit“, sodass wir oft nicht die Hände auflegen und beten, aus Angst, wir könnten uns blamieren, falls nichts passiert? Vielleicht tun wir es ja für uns selbst zu Hause oder in der Gemeinde, aber auf der Straße, bei Kollegen, bei Nachbarn?

Warum erlauben wir dem „Feind Sorgen", uns schlaflose Nächte zu bereiten, wenn wir unsere Arbeit verlieren, unsere Kinder durch eine Krise gehen oder eine Katastrophe über uns hereinbricht? Wir haben eine solch gute Wahrnehmung über die Aktivitäten des Feindes entwickelt – im Traum hat er ein Moped!, er hat ein Handy!, er hat Verstärkung! –, dass uns die Gefahr so groß und unser „Jemand" so klein erscheint. Wenn wir beobachten, wie in unserem Land die Islamisierung zunimmt, die Gewalt an den Schulen, der finanzielle Druck oder die Ungerechtigkeit. Wie reagieren wir darauf? Im Traum hatte ich mich in Sicherheit gebracht und dafür mein ganzes zur Verfügung stehendes Arsenal an Gebetsmöglichkeiten eingesetzt.

Ist das eine Tendenz in unserer Gemeinde, selber sicher durch diese schwierige Zeit zu kommen? Sind wir schon froh, wenn wir es schaffen, dass unsere Ehen vor Scheidung bewahrt bleiben, dass unsere Kinder den Herrn kennenlernen und sie weder computersüchtig noch drogenabhängig werden? Verbraucht es unsere ganze Kraft, sonntagmorgens in den Gottesdienst zu gehen, statt der Bequemlichkeit des Ausschlafens nachzugeben?

Oder ist es noch anders: Laufen wir gar nicht weg, sondern lassen zu, dass der Feind uns vor sich her hetzt mit so viel Aktivitäten, dass wir gar nicht mehr dazu kommen, innezuhalten? Vielleicht würden wir ganz anders reagieren können, wenn wir erkennen würden, was da gerade abläuft. Deckt der Feind „Zeitgeist" uns so mit Stress, mit Dringlichkeiten und Alltagsgeschäften ein, dass wir wirklich alle Kraft brauchen, um unseren eigenen Kopf noch über Wasser zu halten?

Aber Gott lädt uns ein. Wir dürfen auf eine andere Ebene kommen, auf der wir uns in einer Freiheit bewegen – eben „fliegen" – können. Und diese Freiheit kommt aus dem Umgang mit Gott. Es ist alles durch ihn und zu ihm hin geschaffen. Wir werden hineingezogen in die Weite, Größe und Herrlichkeit von ihm. Gott lädt uns ein, nach oben zu kommen. Denn dort ist die Freude am Herrn. Wir schauen sein Angesicht, werden satt an seiner Freundlichkeit. Wir kommen in seine Ruhe und seinen Frieden und gleichzeitig in die pulsierende Freude, Leidenschaft und Liebe seines Herzens.

Da werden unsere Werkzeuge geschärft. Sein Salböl wird ausgegossen in und über uns, und dann können wir laufen.

> *Jünglinge ermüden und ermatten, und junge Männer straucheln und stürzen. Aber die auf den Herrn hoffen, gewinnen neue Kraft, sie heben die Schwingen empor wie die Adler, sie laufen und ermatten nicht, sie gehen und ermüden nicht* (Jes 40,30-31).

Was für ein schönes Bild. Bei einer Flugschau in einem Vogelpark wurde uns gezeigt, dass ein Adler auf Grund seines Gewichtes durch Flügelschlag nur ganz kurze Distanzen fliegen kann. Dann ist er ermüdet. Aber wenn er den Aufwind erwischt, dann breitet er nur seine Flügel aus und wird buchstäblich nach oben getrieben und gleitet ohne Mühe über seinem Jagdgebiet.

Der Adler braucht kein Fitnessprogramm, um die Muskelkraft seiner Flügel zu stärken; er braucht den Aufwind. Wenn dieser Schrei in unserem Herzen „Zieh mich hin zu dir!“ uns in den Aufwind bringt, dann sollten wir ihn wach halten und nie verstummen lassen.

Um bei dem Bild zu bleiben: Dann gleiten wir an seiner Seite über unser „Jagdgebiet“. Dort werden wir die Werke des Teufels zerstören und den Vater offenbaren – das sind die beiden Aufträge, mit denen Jesus seinen Lauf begonnen hatte. Und er sendet ja uns, so wie der Vater ihn gesandt hatte:

> *Wie du mich in die Welt gesandt hast, habe auch ich sie in die Welt gesandt* (Joh 17,18).

Braut oder Harem

Bevor ich weiter auf den Auftrag eingehen kann, müssen wir uns die Braut einmal genauer ansehen.

Wenn ich von der Braut spreche, meine ich einerseits jeden einzelnen wiedergeborenen Gläubigen, der in diese innige Liebesbeziehung zu Jesus als dem Bräutigam eintreten kann. Wenn die Bibel von der Hochzeit des Lammes mit der Braut spricht, ist von der Summe aller Gläubigen die Rede. So wie weltweit alle Gläubigen den **einen** Leib darstellen, so sind alle Liebhaber(innen) zusammen **eine** Braut. Wir stimmen dem wahrscheinlich sofort zu, aber übersehen leicht, dass wir im Moment oft eher einem Harem gleichen.

In einem Harem hat jede Frau eine Beziehung zu demselben Mann, aber untereinander sind sie eifersüchtig, empfinden sich als Konkurrenz und halten Distanz.

> *Daran wird die Welt erkennen, dass ihr meine Jünger seid, wenn ihr **Liebe untereinander** habt* (Joh 13,35).

Das ist das Erkennungszeichen der Braut – sogar für die Welt.

Wie kommen wir dahin?

Wenn wir diesen Vers als eine Profilbeschreibung verstehen, die wir aufweisen sollen, oder als Qualifikation, die wir uns erarbeiten müssen, dann befinden wir uns auf verlorenem Posten. Vielmehr ist dies die Folge, die nicht aufzuhaltende Konsequenz aus einem Lebensstil einer Geliebten, die überfließend durch die Küsse ihres Bräutigams beschenkt, einfach nur weiterreicht, was sie empfangen hat. Es geht gar nicht anders. Wenn unser Liebestank überfließt, was fließt dann heraus? Liebe natürlich! Sobald wir ein Leistungsprogramm daraus machen, haben wir schon verloren. Wenn wir Mangel bei uns feststellen, was haben wir zu tun? Den Mangel ehrlich zuzugeben und zu sagen, dass wir so leer sind und nichts zu geben haben.

Wir werden nie umsonst zu ihm kommen. Uns erwarten keine Vorwürfe, keine akribische Untersuchung, warum wir uns in dieser misslichen Lage befinden, sondern eine feste Umarmung.

Wenn wir dann in seine Augen sehen, die voll Verstehen und Erbarmen sind, vergebend und tröstend, schmilzt unser Herz dahin. Dahin schmelzen auch alle Vorbehalte, Anklagen oder Härte unseren Geschwistern gegenüber. Wir spüren, wie seine Liebe durch uns hindurchgreift und auch dem anderen dienen möchte. Das ist befreiend und herrlich. Das ist Essen vom Baum des Lebens. Lebenskraft durchströmt uns und fließt aus uns heraus. Statt vom Tod bringenden Baum der Erkenntnis zu essen – wo wir haarklein erkennen, was der andere Gutes und Böses tut, und wir dann wie Adam anfangen, einander Schuld zuzuweisen –, dürfen wir leben! Wir leben in Freude, im Frieden – und das im Überfluss.

Das ist eigentlich so einfach – doch ich weiß, wie schnell uns diese Sicht in der praktischen Umsetzung des Gemeindealltags verloren gehen kann.

Gemeinde setzt sich ja aus einzelnen Gliedern zusammen. Solange der Einzelne unreif ist, wird auch die Gemeinde unreif sein. Wer ganz frisch bekehrt ist, kommt meist mit hohen Erwartungen und Hoffnungen zur Gemeinde. Er setzt einfach voraus, dass die beglückenden Erfahrungen, von Jesus geliebt und angenommen zu sein, ihm in gleicher Weise von seinen neuen Glaubensgeschwistern zuteil werden. Er wird belehrt, dass wir alle eine große Familie sind, füreinander eintreten, miteinander dienen – und fällt aus allen Wolken, wenn es plötzlich zu einem Gegeneinander kommt.

Doch wir sind ja alle miteinander auf einem Wachstumspfad. Der eine hat schon eine größere Strecke hinter sich gebracht, der andere erst ein kleines Stück. Das Gepäck unserer Lebensgeschichte abzulegen, ist ein Prozess, und deshalb ist unser Schritttempo unterschiedlich schnell. Aber – wir sind auf dem Weg, einem Liebesweg. Wir werden manches Mal stolpern, uns Schrammen und Kratzer holen – aber wir werden ankommen. Jesus hat versprochen:

> *Ich will meine Gemeinde bauen, und die Pforten der Hölle werden sie nicht überwältigen* (Mt 16,18).

Dieser Bibelvers deutet an, dass dieser Bau auch unter Beschuss steht, dass die Gemeinde einen Gegner hat, den Teufel, der gerne

„feurige Pfeile“ abschießt (vgl. Eph 6,16). Wenn wir nicht den Mantel der Liebe anhaben, werden wir schwere Verletzungen davontragen.

Zu diesem allen aber zieht die Liebe an, die das Band der Vollkommenheit ist (Kol 3,14).

Diese schmerzhaften Pfeile tun deshalb so weh, weil sie ja nicht durch die Luft geflogen kommen, sondern durch den Mund, durch die Worte unserer Brüder und Schwestern. Nicht, dass diese das beabsichtigen, aber es geschieht trotzdem. Die Gründe sind vielfältig. Sehr oft sind es Missverständnisse.

Wenn sie sich später aufklären, kann man darüber lachen – nur leider erst hinterher. Ich erinnere mich an eine Sommerfreizeit mit Jugendlichen der Sinti. Ich hatte für das erste Mittagessen ein reichhaltiges Buffet aufgebaut, von dem sich jeder seinen Teller bis zum Rand vollhäufte. Doch nach ein paar zaghaften Bissen landete fast das komplette Essen im Müll. Ich war entsetzt. Als Kind der Nachkriegsgeneration war mir eingeschärft worden: „Essen wirft man nicht weg.“ Warum konnten sie nicht kleine Portionen auf ihren Teller nehmen und erst einmal kosten, ob ihnen das Essen schmeckt? Ich habe ihnen eine Standpauke gehalten. Zum Glück war ich für den Rest der Woche nicht für den Kochbereich zuständig. Das übernahm ein Team von Frauen aus Korea. Die hatten jetzt allerdings ein kleines Problem. Die Leiterin nahm mich auf die Seite: „Weißt du, bei uns ist es eine Schande, wenn der Gast seinen Teller leer isst. Je größer der Überrest ist, umso größer die Ehre für den Gastgeber.“ (Ehre hat in ihrer Kultur das Gewicht, das bei uns Paragraphen haben.) In ihren Augen war mir große Ehre zuteil geworden, ich hatte sie nur nicht zu schätzen gewusst. Missverständnisse führen oft zu Konflikten.

Bei einem Konflikt prallen zwei verschiedene Bedürfnisse, Wünsche oder Interessen aufeinander. Diesen „Zusammenstoß“ können wir nicht verhindern. Wir können ihn höchstens abpuffern, indem wir Verständnis füreinander gewinnen und in Liebe reagieren. Wir haben ja schon betrachtet, dass Liebe nicht durch Taten, sondern an ihrem Wesen erkannt wird, an der Haltung: indem wir z. B. einander höher achten.

Wenn ich an obiges Beispiel denke, ist eine Lösung nur auf diesem Weg möglich. Wir kommen kulturmäßig aus zwei verschiedenen Welten, mit Argumenten werden wir nicht zum Ziel kommen, was „besser" ist, weil eben genau dies anders gewertet wird. Aber als Kinder Gottes dürfen wir in einer Kultur der Liebe leben. Da kann man höchstens wetteifern, wer denn nun dem anderen den Vortritt lässt.

Lieben kann auch heißen: Ich bin dankbar für meine Geschwister – ich freue mich an ihnen. Vielleicht freuen wir uns nicht an allem, was sie tun, vielleicht sind wir mit vielem nicht einverstanden, aber Gott ist auch nicht mit allem einverstanden, was wir tun, und trotzdem liebt er uns.

Lieben kann bedeuten: Es ist mir nicht egal, wie es dem anderen geht. Er ist mir nicht gleichgültig. Ich bin dem anderen zugewandt und nicht auf Distanz.

Wenn ich das so sage, meine ich nicht, dass wir mit jedem Freundschaft pflegen müssen. Das ist unmöglich. Freundschaft können wir nur mit einer begrenzten Anzahl von Leuten haben. Freunde suchen wir uns aus, Geschwister nicht. Das ist wie in einer Familie – Geschwister bekommt man einfach. Aber wir sollten nicht eifersüchtig auf Freundschaften sein. Wir brauchen sie auch in der Gemeinde, nicht nur außerhalb. Man kann Freundschaft nicht einfordern, aber Gott darum bitten. Gerade für Kinder und Jugendliche ist das wichtig. Gemeinde ist eine Familie, weil wir alle Kinder eines Vaters sind. Und dieser Vater möchte seinem Sohn Jesus eine Braut zuführen, eine würdige, eine gesunde Braut – das sind auch wir. Damit sind wir wieder beim Thema.

Wenn ich von Familie spreche oder unserm Brautstand, geht es immer um Beziehung. Vielleicht liegt da das größte Missverständnis. Wir denken bei Gemeinde oft an Gottesdienste, Veranstaltungen, Dienste, Gebäude und vieles mehr. Wir arbeiten an guten Strukturen, planen erfolgreiche Projekte und investieren Kraft, Geld und Zeit dahinein. Manchmal so viel, dass keine Zeit mehr übrig bleibt, um einander zuzuhören, zu verstehen und wirklich kennenzulernen.

Wir werden geschult, uns Ziele zu setzen, und lernen die Drei-, Fünf- oder Zehn-Schritte-Programme, wie wir sie erreichen. Die

Ziele sind natürlich alle geistlicher Natur; wir wollen das Reich Gottes bauen, wir wollen wachsen, missionieren, und entdecken plötzlich: Wir sind nur noch ein Rädchen im Getriebe, einem frommen Getriebe. Dabei zählt dann nur noch, ob man gut geölt auch gut funktioniert.

Irgendwann hat sich unsere Liebe zu Jesus auf einen Dienst für ihn, auf ein Ziel hin verlagert. Wie viele haben für „Erweckung“ gelebt – und reagieren allergisch, wenn jemand sie daraufhin anspricht. So viel dafür geopfert – umsonst; noch ist sie nicht da. Das tut weh. Das ist ein Schmerz. Deshalb wehrt man sich inzwischen gegen Erweckung, aber eigentlich möchte man damit nur diesen Schmerz vor neuer Enttäuschung abwehren.

Das Ganze ist ein tragisches Missverständnis! Um nicht noch ein Neues zu schaffen: Natürlich hat alles oben Genannte seinen Platz. Wir brauchen Finanzen, Strukturen und Pläne. Gott hat auch für alles einen Plan – der größte ist sicher der Heilsplan, den er mit der Menschheit hat. In der Schöpfung finden wir Ordnung, Struktur, Rhythmus. Es geht nicht ohne. Aber über diese Dinge definiert Gott sich nicht. Er sagt von sich: „Ich bin Liebe.“ Er lebt in Beziehung – Vater, Sohn und Heiliger Geist. **So** ist Gott. Und dazu lädt er uns ein – in eine Liebesbeziehung. Dieses Wort müssen wir manchmal durchbuchstabieren. Und das Abc ist: sich lieben lassen, sich küssen lassen. Vielleicht sollten Sie noch einmal das zweite Kapitel dieses Buches lesen, bevor Sie fortfahren. Dabei denken Sie bei allem, was über die Braut geschrieben steht, nicht an Ihre persönliche Liebesbeziehung zum Bräutigam, sondern an die Ihrer Gemeinde. Denn genau so, wie seine Liebe uns persönlich gewonnen hat, gewinnt sie auch jeden anderen. Er sehnt sich danach, dass wir einander so sehen können, wie er uns sieht.

> *Geliebte, wenn Gott uns so geliebt hat, sind auch wir schuldig, einander zu lieben. Niemand hat Gott jemals gesehen. Wenn wir einander lieben, bleibt Gott in uns, und seine Liebe ist in uns vollendet* (1 Joh 4,11-12).

In unseren Augen kann Gemeinde manchmal so entstellt aussehen, so verkümmert, versteift oder gar versteinert – in seinen Augen ist sie immer noch seine begehrte Braut. Für sie gab er sein Leben, sie ist sein Traum. Im Alten Bund repräsentiert Israel ja diese Braut. Wie oft hat sie ihn verlassen, ging eigene Wege und hat ihn zutiefst gekränkt. Aber nie hat er sie aufgegeben. Eine der eindrucksvollsten Beispiele finde ich im Buch Hosea. Vielleicht ist uns folgender Vers geläufig.

> *Ich will mich mit dir verloben in Ewigkeit, und ich will dich mir verloben in Gerechtigkeit und in Recht und Gnade und in Erbarmen, ja in Treue will ich dich mir verloben, und du wirst den Herrn erkennen* (Hos 2,21-22).

Gott spricht diese Verheißung aus, als Israel sich mal wieder dem Götzendienst zugewandt hat und den Baal anbetet. Da geht er zum Äußersten. Zweimal beauftragt er den Propheten Hosea zu einer Zeichenhandlung, dadurch dass dieser eine Hure heiraten und mit ihr Hurenkinder zeugen soll (vgl. Hos 1).

> *Und der Herr sprach zu mir: „Geh noch einmal, liebe eine Frau, die sich von einem anderen lieben lässt und Ehebruch treibt, wie der Herr die Söhne Israel liebt, die sich aber anderen Göttern zuwenden und Traubenkuchen lieben“* (Hos 3,1).

Unser Verstand fängt fast an auszurasten, wenn wir das lesen. Es ist so unglaublich, dass ich den Text mindestens dreimal hintereinander studiert habe. Was für ein Gott! Selbst wenn seine Braut zur Hure wird, wenn sie mit anderen Liebhabern intim wird, wenn sie ihm völlig den Rücken zukehrt, ihn beleidigt – er begehrt sie immer noch! Mitten in seinem Schmerz schreit er es ihr durch den Propheten zu: „Komm zurück, du gehörst doch zu mir.“ Er gibt ihr ein Versprechen (vgl. Hos 2,22-23). Er erinnert sich in seinem Schmerz an vergangene Zeiten.

> *Als Israel jung war, gewann ich es lieb, und aus Ägypten habe ich meinen Sohn gerufen. Sooft ich sie rief, gingen sie von meinem Angesicht weg. Den Baalim opferten sie, und den Gottesbildern brachten sie Rauchopfer dar. Und ich, ich lehrte Ephraim laufen – ich nahm sie immer wieder auf meine Arme –,*

> *aber sie erkannten nicht, dass ich sie heilte. Mit menschlichen Tauen zog ich sie, mit Seilen der Liebe, und ich war ihnen wie solche, die das Joch auf ihren Kinnbacken anheben, und sanft zu ihm gab ich ihm zu essen* (Hos 11,1-4).

Er hat schon eine Geschichte mit seinem Volk, und trotz aller Liebesbezeugungen hat es ihn erneut verlassen. Aber er lässt nicht locker. Er liebt es wirklich. Er begehrt es selbst noch dann, als es zur Hure geworden ist. Er wirbt erneut um sie.

Selbst die Androhung von Gerichten kommen aus einem sehnsuchtsvollen Herzen. Er sieht voraus, dass die Not sein Volk zurücktreiben wird.

> *Darum siehe: Ich will ihren Weg mit Dornen verzäunen, und ich will ihr eine Mauer errichten, dass sie ihre Pfade nicht finden kann. Dann wird sie ihren Liebhabern nachjagen und sie nicht erreichen, und sie wird sie suchen und nicht finden. Dann wird sie sagen: Ich will mich aufmachen und zu meinem ersten Mann zurückkehren, denn damals ging es mir besser als jetzt* (Hos 2,8.9b).

Manche Gemeinden heute sind wie Israel: Sie haben andere Liebhaber. Nicht die Beziehung zu Jesus als ihrem Bräutigam, nicht die Beziehung zu Abba, unserm Vater, nicht die Beziehung zum Heiligen Geist als unserem Tröster und Beistand stehen im Vordergrund, sondern andere. Alles, was uns von dieser Beziehung abhält, ist der falsche Liebhaber.

Andere Gemeinden sind wie ein Harem. Da ist schon die Liebe zu Gott erwacht und wird gepflegt, aber untereinander ist keine Einheit, wenig echte Herzensbeziehung.

Aber auch heute gibt es die „Propheten Hoseas“. Sie heißen nicht so, sie haben überhaupt nicht gerne einen Titel oder eine Position, aber sie sind Gottes Geheimwaffe, um seine Braut zurückzuerobern. Es sind die Liebhaber und Liebhaberinnen Gottes. Sie lassen sich immer wieder küssen, bis sie das Herz ihres Bräutigams so tief kennen, dass sie seine Sehnsucht nach der Einheit im Leib teilen. Darum lassen sie es sich an dieser seligen Zweisamkeit nicht genügen, sondern strecken sich aus nach den Brüdern und Schwestern, um sie mit hinein zu locken in das ewige Liebesbündnis. Genauso wie wir uns ausstrecken, um seine Liebe für uns persönlich zu empfangen, müssen wir uns ausstrecken, um seine Liebe für unsere Geschwister zu empfangen.

Ich möchte dazu eine Geschichte erzählen, die ich vor etwa 25 Jahren einmal irgendwo gelesen habe und die sich mir tief eingeprägt hat.

In einem Missionswerk machte ein Mitarbeiter große Schwierigkeiten, die dann auch zu Spannungen führten. Das spitzte sich immer weiter zu. Trotz aller Bemühungen, Gespräche und Gebete kam es zu keiner Lösung. Daraufhin nahm der Leiter sich vor, 40 Tage in die Berge zu gehen, um zu fasten und zu beten. Er wollte den Mitarbeiter nicht einfach feuern, sondern war bereit, Einsatz zu bringen.

Am ersten Morgen breitete er sein Handtuch auf dem Boden aus, kniete sich hin und betete: „Oh Herr, du weißt, welche Schwierigkeiten wir mit diesem Mann haben, welche Probleme er uns macht." Da sprach der Heilige Geist: „Stopp! Ich möchte kein Wort der Klage und keine Bitte für diesen Mann hören. Du sollst nur für ihn danken." Jetzt kam der Leiter in Schwierigkeiten. Er konnte lange nichts sagen. Ihm fiel nichts ein. Danken? Für was? Bei diesem Mann? Oh, er hätte sich vorstellen können, in Fürbitte oder geistlichen Kampf zu gehen, vier Wochen lang, kein Problem. Er wollte den Himmel erschüttern, er wollte den Durchbruch im Leben dieses Mannes herbeibeten und war willig, dafür zu fasten. Er wollte gegen die ganze Finsternis, die diesen Mann gefangen hielt, angehen. Er war bereit, sich in den Riss zu stellen, den Attacken des Feindes zu widerstehen, stellvertretend Buße zu tun, Segen herabzubeten und damit „feurige Kohlen auf sein Haupt zu sammeln". Er war bereit, ausdauernd, anhaltend zu beten und Opfer zu bringen, aber stattdessen sollte er danken – für diesen Mann? Ja, er hätte Gott danken können, ihn loben und anbeten, aber das wollte Gott nicht von ihm hören.

So vergingen eine Stunde, zwei Stunden, drei Stunden, nichts. Wenn ich mich recht erinnere, hatte er bis zum Abend nur eine einzige kleine Sache gefunden, für die er danken konnte. Könnt ihr euch vorstellen, mit welchen Gefühlen er an die nächsten Tage gedacht haben mag?

Er hat die Entwicklung im Einzelnen nicht beschrieben, aber als die Zeit zu Ende ging, floss er über in Dank und Lobpreis für diesen Mitarbeiter. Er sehnte sich schon danach, zurückzukommen, um ihn brüderlich zu umarmen. Sein Herz lief ihm schon in Liebe entgegen. Jeder Gedanke an ihn ließ ein Strom von Freude und Dankbarkeit aufsprudeln. Er hatte keine Nachricht bekommen, dass dieser Mann sich geändert hätte. Aber als er dem Danken Raum gab, hatte die Liebe, das Wesen der Liebe sein Herz mehr und mehr erfasst. Nicht, dass die Probleme weg gewesen wären, oder er sie vergessen hätte, aber die Liebe lässt sich davon nicht aufhalten. Als er zurückkam, war alles beim Alten, was die Umstände anging. Aber da sein Herz diesen Bruder mit überfließender Liebe umgab, wurde innerhalb von sechs Wochen alles verwandelt und jeder Knoten gelöst.

Können wir für jeden unserer Geschwister auf diese Weise danken? Für den Mitarbeiter wurde das Danken zu einem Schlüssel für die Liebe. Er blieb dran, als er von Gott auf diese Fährte gesetzt worden war. Wenn ich mit jemand Probleme habe, setze ich mich oft an mein Klavier und singe das bekannte Lied: „Vater des Lichts, du freust dich an deinen Kindern." Es hilft mir, mir das bewusst zu machen: Der Vater sieht den anderen mit solchen Augen an, dass er sich über ihn freut. Ich ärgere mich vielleicht gerade und sehe seine oder ihre Fehler. Mit diesem Lied bitte ich den Vater, mir seine Augen zu schenken, seine Freude. Die Liebe und Leidenschaft, die der Bräutigam für mich empfindet, gilt auch jedem Bruder und jeder Schwester. Wie könnten wir da ihnen gegenüber gleichgültig, verärgert oder gar herablassend sein? Wie könnten wir uns da von ihnen distanzieren, weil wir verletzt wurden? Wie könnten wir zusehen, wie Mauern zwischen uns errichtet werden, die uns trennen? Aus der Sicht des Bräutigams ist das ganz und gar unmöglich.

Er hat uns bereits eins gemacht. Wir können das bewahren oder zerstören. Diese Einheit täglich zu leben, in der Familie und mit den Glaubensgeschwistern, stärkt uns für den eigentlichen

Dienst in der Welt. So können wir Salz und Licht sein, der Sauerteig, der alles durchsäuert. Und noch einmal zur Erinnerung:

Dies sind keine hohen Anforderungen oder ein Profil, das wir aufweisen und an dem wir hart arbeiten müssen – sondern dies ist die Folge, wenn wir uns immer wieder küssen lassen. Wir leben vor seinem Angesicht, das über uns leuchtet. Wir sind dabei ja nicht auf uns gestellt, wir können uns in den Aufwind stellen. Spüren Sie ihn? Wir können fliegen!

Grauer Alltag

Termindruck – Zeitdruck
Erwartungsdruck – Erfolgsdruck.
Da sind sie wieder,
die grauen Gesellen.
Sie treiben an, hetzen
mit schrillen Stimmen.
Ihre langen Schatten
verdunkeln den neuen Tag.

In ihrem Schlepptau hängt die Routine,
die ewige Leier des Für und Wider,
die Mühsal der Kleinarbeit;
bleiern wie ein nasser Nebel
hüllen sie die Stunden ein.

Ich sehne den Abend herbei,
den süßen Schlummer,
der mich mit leichtem Schritt
ins Traumland tragen soll.

Doch mein Bett ist umstellt
von Sorgen und Gedanken,
die wie gerüstete Soldaten
gegen den Schlaf
ankämpfen.

Ich bleibe wach,
kraftlos,
matt,
ausgelaugt.

Brautalltag

Das Getöse und Scheppern des Müllautos
reißt mich aus dem Schlaf.
Schon im nächsten Moment
drängeln sich die Ereignisse des kommenden Tages
wie neugierige Besucher an der Tür
des erwachenden Morgens.

Doch ich lasse sie nicht ein,
mein Geliebter ist bei mir.
Die ersten Augenblicke
an diesem frischen Morgen
gehören nur uns
und unserer Liebe.

Die vor mir liegenden Aufgaben
klingen wie das Murmeln eines Baches,
gleichmäßig, vertraut;
sie stören unsere Zweisamkeit nicht.

Dann trete ich ein
in die Neuheit
eines geschenkten Tages,
den es wie ein Geheimnis zu lüften gilt.
Denn überall finde ich
die Spuren seiner Liebe,
die mich auf vorbereiteten Wegen führen.

Nicht,
dass mir alles leicht von der Hand ginge,
der Schmerz meine Hausnummer nicht wüsste,
jede Begegnung erquicklich wäre.
Aber was zählt das,
wenn doch mein Bräutigam
seine Zuneigung,
sein Herz,
wie einen Garten mit duftenden Blumen
um mich ausgebreitet hat?

Naht der Abend mit schnellen Schritten,
lasse ich alles los,
denn ER ist mein Hüter,
der nicht schläft noch schlummert
und seinen Geliebten
alles im Schlaf schenkt.

Ich schlafe
sicher,
geborgen,
geliebt.

Der Auftrag der Braut

Was ist nun unser Auftrag als Brautgemeinde?

> *Wie du mich in die **Welt** gesandt hast, habe auch ich sie in die Welt gesandt* (Joh 17,18).

Wir haben eine Sendung in die Welt hinein. Da ist unser Arbeits- und Erntefeld.

> *Wahrlich, wahrlich, ich sage euch, wer an mich glaubt, wird **auch** die Werke tun, die ich tue, und wird größere als diese tun, weil ich zum Vater gehe* (Joh 14,12).

> *Wenn ich nicht die Werke meines Vaters tue, so glaubt mir nicht. Wenn ich sie aber tue, so glaubt den Werken, wenn ihr auch mir nicht glaubt. damit **ihr erkennt und versteht**, dass der Vater in mir ist und ich in dem Vater* (Joh 10,37.38).

Das sind starke Aussagen, die uns herausfordern.

Alle Werke, die wir im Leben Jesu sehen, sollen auch wir tun. Denn die Werke geben Zeugnis vom Vater. Die Werke dienen Jesus als Beweis, dass der Vater in ihm ist und durch ihn wirkt. Immer wieder hat er zuvor bekannt, dass er nichts aus sich selber tun kann, sondern ganz abhängig vom Vater ist. Wenn dann so wunderbare Heilungen, Zeichen und Befreiungen geschehen, weist er damit auf die Herrlichkeit und Liebe des Vaters hin.

Das gilt auch für die Gemeinde. Wir können nichts aus uns selber tun. Aber durch den Heiligen Geist haben der Vater und Sohn in uns Wohnung genommen. Sie wollen ihre Werke durch uns tun. Ohne Werke, ohne Kraft ist eine Gemeinde unglaubwürdig. Aber durch Taten, in denen Gottes Kraft offenbar gemacht wird, **verstehen** und **erkennen** die Menschen um uns herum, dass Gott in uns lebt. Daran können sie erkennen, dass wir nicht nur eine Religion lehren, gleichrangig mit den anderen Religionen dieser Welt, sondern dass Gott lebt, und zwar in uns. Was für ein kraftvolles Zeugnis!

Jeder Einzelne hat seinen eigenen Part dabei. Aber als Gesamtheit soll „Größeres" geschehen als zu Lebzeiten Jesu. Geben wir uns nicht mit weniger zufrieden! Der Missionsbefehl, alle Nationen zu Jüngern zu machen, ist noch nicht erfüllt. Dazu brauchen wir noch nicht einmal weit zu reisen. Im Umkreis von einem Kilometer von meiner Gemeinde herum leben etwa 40 verschiedene Nationen. Ich treffe sie täglich beim Einkaufen, beim Friseur, in der Nachbarschaft. Im Kindergarten und in der Schule spielen und lernen sie Seite an Seite.

Aber halten wir noch einmal einen Moment inne und nehmen einen Perspektivwechsel vor:

Auf was weisen die Werke hin? Auf das Innewohnen Gottes. Die Werke sind eine **Folge** dessen, dass Gott in uns wohnt, dass wir in IHM sind. Damit sind wir wieder beim Brautthema: Je mehr die Braut das Herz ihres Geliebten kennt, umso besser kann sie das tun, was sie „hört" und „sieht", was ER durch sie tun möchte.

Es geht nicht darum, dass wir losrennen, die Ärmel hochkrempeln und sagen: „Packen wir es an!" Wir können eine Menge auf die Beine stellen, bestimmt – aber das wird alles auf unsere Fähigkeiten, unsere Opferbereitschaft, unseren Einsatz und auf unseren Ideenreichtum hinweisen. Wir können uns Lorbeeren damit verdienen, hier auf Erden. Aber damit die Leute den Vater im Himmel preisen, damit sie Gott verherrlichen, müssen wir zulassen, dass er seine Werke durch uns wirkt. Das macht uns abhängig, das nötigt uns geradezu, still zu sein und auf ihn zu warten. Normalerweise fällt uns das schwer, aber das Geliebtsein versüßt es uns.

Als ich mein Erlebnis hatte, dass Gott mich als Dreijährige sieht – wie in Kapitel 3 beschrieben –, warf das in der Folge viele Fragen für mich auf. Wie leitet eine „Dreijährige", wie betet man, wie trifft man da Entscheidungen? Ein geschenktes inneres Bild hat mir da weitergeholfen:

Ich sehe mich während einer Besprechung mit anderen Leitern einmal als Dreijährige auf dem Schoß von Abba und gleichzeitig als große Tochter danebenstehen. Alle Leute haben einen Laptop dabei, sind eifrig am Diskutieren und machen sich Notizen. Ich frage den Vater, ob ich auch so einen Laptop haben kann. Er gibt mir einen und zeigt mir noch, wie und wo ich auf die Tasten drücken muss, damit die Bilder auf den Schirm kommen. Ich spiele ein bisschen damit herum, verliere aber bald die Lust und gebe ihn ihm wieder zurück. Daraufhin sagt er zu mir: Du brauchst das auch nicht mehr. Schau, hier: Er öffnet seinen Mantel und ich kann direkt in sein Herz sehen. Es sieht aus wie eine riesige Schaltzentrale, mit vielen Computern und Knöpfen, Blinklichtern und Kabeln.

Intuitiv weiß ich, dass darin alle Pläne aus Vergangenheit und Zukunft sowie alle Lösungen für jede Frage und jedes Problem gespeichert sind. Als ich so als „große, erwachsene" Tochter in sein Herz schaue, bin ich erst einmal überrascht, so viel „Technik" im Herzen zu finden. Ich hätte darin eher Symbole der Liebe, Gefühle usw. erwartet. Dann stehe ich staunend davor und mache mir klar, welch gigantisches System Gott zu regieren hat, und dass es schon beeindruckend ist, da mal in sein „Cockpit" schauen zu dürfen, von dem aus er alles steuert. Es sieht alles sehr geheimnisvoll, überwältigend, riesig aus.

Als ich vom Schoß des Vaters als Dreijährige da hineinschaue, staune ich auch, fühle mich aber gleich irgendwie heimisch. Und seltsam: Ich kann einige Pläne und Antworten verstehen; es ist ein Von-Herz-zu-Herz-Erfassen. Was soll ich da noch mit einem Laptop (der mich als Dreijährige sowieso überfordert), wenn ich in Papas Herzenscomputer lesen kann?

Die göttliche Hilfestellung war mir danach klar: Alle seine Pläne kommen aus seinem Herzen. Wir würden das „Plänemachen" dem Verstand überlassen und das Herz raushalten. Je „erwachsener" wir sind, umso größer ist die Diskrepanz zwischen Kopf und Herz. Beim Vater gibt es keinen Widerspruch: Kopf und Herz sind eins. Am einfachsten werden wir in seine Pläne eingeweiht, wenn wir die Herzensbeziehung pflegen, das ist alles.

Das ist zwischen Kind und Vater so; das ist auch zwischen Braut und Bräutigam so.

Ich nenne euch nicht mehr Sklaven, denn der Sklave weiß nicht, was sein Herr tut; euch aber habe ich Freunde genannt, weil ich alles, was ich von meinem Vater gehört habe, euch kundgetan habe (Joh 15,15).

Ich erinnere an die Vision, die ich am Anfang das Buches beschrieb: Jesus holte mich von der Arbeit am Weinberg weg und nahm mich in seinem Auto mit auf eine Liebesreise, um mir zu zeigen, wie er arbeitet. Ich konnte wahrnehmen, wie Jesus unaufhörlich sein Leben jedem Lebewesen mitteilt. Beständig fließt dieses Leben aus ihm heraus und in die Pflanzen, Tiere und Menschen hinein. Bei meiner Arbeit im Weinberg ging es immer ums TUN. Bei ihm ums SEIN.

Nachdem Sie mich durch dieses Buch zu den verschiedenen Stationen meiner Liebesreise begleitet haben, wird sich Ihnen diese Offenbarung immer mehr aufschließen. Nur durch die **Liebesbeziehung** zu Jesus wird unser Leben so eng mit dem seinen verbunden, dass sein Leben in kraftvoller Weise wie ein Strom aus uns herausfließt und das Leben anderer Menschen berührt.

Wer an mich glaubt, wie die Schrift sagt, von des Leibe werden Ströme lebendigen Wassers fließen (Joh 7,38).

Diese Berührung wird Kraft haben. Ich denke dabei an die Vision vom zukünftigen Tempel und dem Wasser, das unter der Schwelle des Hauses hervortritt (vgl. Hes 47). Zuerst ist das Wasser knöcheltief, dann reicht es bis an die Knie, später hüfthoch, und zum Schluss kann man darin nur noch schwimmen. Dazwischen liegt immer eine abgemessene Strecke von 1000 Ellen.

Wo immer dieser Fluss hinkam, brachte er Leben mit sich: Das salzige Wasser wird gesund, der Fischbestand wird wieder hergestellt, die Bäume an seinem Ufer tragen 12-mal Früchte, die Blätter welken nicht und dienen als Heilmittel. Lesen Sie einmal das ganze Kapitel. Es ist eine wunderschöne Beschreibung, wie das verwüstete Land wiederhergestellt wird. Ausdrücklich wird am Ende nochmals betont, dass dieses Wasser aus dem Heiligtum hervorkommt (Vers 12b).

Die Beschreibung dieser Vision umfasst noch einmal die Stationen der Liebesreise. Jesus ist unser Heiligtum, in das wir jederzeit Zutritt haben (vgl. Heb 4,16). Das Heiligtum ist ein alttestamentliches Bild für die Gemeinschaft mit Gott. Heute dürfen wir als Erlöste diese Gemeinschaft täglich feiern, wir dürfen in solch intime Nähe zu unserem Gott treten wie die Braut zu ihrem Bräutigam. Das habe ich im zweiten Kapitel über den Kuss des Bräutigams ausgemalt.

Durch seine beständigen, treuen Liebesbezeugungen wird unser Vertrauen in ihn gestärkt. Wir kommen ihm nahe genug, um seinen „Duft" wahrzunehmen, der von seinem sanftmütigen, demütigen Herzen ausgeht, das sich aus Liebe zu uns aufgeopfert hat. Wenn es dieser Duft ist, der uns motiviert, und nicht das Gefühl, etwas opfern zu müssen, fangen wir an, Jesus auf diesem Weg nachzufolgen.

Das wird bei Hesekiel durch den ansteigenden Fluss beschrieben. Mit jedem Schritt kommt Hesekiel ins tiefere Wasser, bis er keinen Boden mehr unter den Füßen hat und schwimmen muss. So wird für die Braut die Liebe zu ihrem Bräutigam die einzige Sicherheit in ihrem Leben. Sie überlässt sich ihm so vollkommen wie ein Schwimmer dem Wasser.

Ohne menschliches Zutun wird der Fluss selbst immer tiefer und breiter und trägt seine Heilkraft ins Land, gespeist aus der Quelle im Heiligtum.

Das war die dritte Station bzw. der dritte Gipfel auf der Liebesreise: Der Name Jesus, der als Salböl ausgegossen wird in unser eigenes Leben hinein und dann durch uns hindurch. Jesus sagte in Johannes 7,38:

Wer an mich glaubt, wie die Schrift sagt, von des Leibe werden Ströme lebendigen Wassers fließen.

Das geht hier in Erfüllung. Was wir empfangen haben, fließt wieder segensreich durch uns zu anderen hin.

Macht sich der Fluss Gedanken, wie und wo er sein Flussbett graben soll? Nein, Wasser fließt immer abwärts. Da, wo ein Gefälle ist, sucht es sich seinen Weg. Gottes Liebe ergießt sich immer gerne dahin, wo das größte Gefälle ist, der größte Bedarf an Liebe.

Auch unser Liebesstrom wird den Weg der Armut und der Bedürftigkeit suchen. Ohne Liebe ist das Gefälle nicht erkennbar:

Da sehen wir vielleicht Arroganz, Ablehnung, Hass. Aber die Liebe erkennt den Schrei des Hilflosen und wendet sich ihm zu. Manchmal ist das jemand aus unserer eigenen Familie oder aus unserer Gemeinde, manchmal unser Kollege, der Bäcker oder ein Obdachloser.

Der Liebesstrom ergießt sich da hinein und findet es nicht anstrengend. Denn das Wasser tut ja nur das Allernatürlichste: Es fließt dem Gefälle nach. Das ist der Lauf des Bräutigams mit seiner Braut.

Wie kann ich das lernen? Indem ich mich zuerst lieben lasse! Heute, morgen und jetzt!

Ausblick

Wir leben in einer spannenden Zeit. Auf der Erde werden wir von den politischen und wirtschaftlichen Ereignissen, von Natur- und Umweltkatastrophen in Atem gehalten. Je nachdem, ob wir unmittelbar oder nur indirekt davon betroffen sind, beansprucht es unsere Aufmerksamkeit.

Gleichzeitig ist im geistlichen Bereich unglaublich viel in Bewegung. Wer seinen Blick über den Tellerrand der westlichen Welt hebt, sieht ganze Städte transformiert, Politiker, die ihre Nationen in Buße und Umkehr anleiten, moslemische Länder, in denen Tausende durch Träume und Wunder zum Glauben kommen, an unzählig vielen Orten Erweckung und gleichzeitig Verfolgung im großen Stil.

Obwohl wir im Westen dankbar die Glaubensfreiheit auskosten dürfen, die wir noch genießen, bilden wir das Schlusslicht dessen, was wir in anderen Ländern beobachten. Aber das wird sich bald ändern. Der große Hunger in unserem Land ist verheißungsvoll. Jesus sagt:

> *Selig sind, die da hungern und dürsten nach Gerechtigkeit; denn sie werden gesättigt* (Mt 5,6).

Hunger und Durst zu haben ist schon Gnade; das erste Zeichen einer baldigen Heimsuchung.

Wenn wir Christen einen geistlichen Hunger entwickeln, ist es auch wichtig, auf was wir ihn ausrichten. Jesus ist auf der Suche nach einer Braut, mit der er in alle Ewigkeit in Liebe vereint sein wird und die mit ihm regieren kann. Nur nach Erweckung oder Zeichen und Wundern zu verlangen, kann uns ablenken. Die Pläne, die Gott mit uns hat, sind viel größer und umfangreicher. So hat er begonnen, Offenbarungen seiner Liebe über seine Gemeinde auszugießen. In unserem Hunger dürfen wir bitten: „Küsse uns mit dem Kuss deines Mundes." Und indem wir in den Strom seiner Liebe eintauchen, werden Ströme lebendigen Wassers freigesetzt, die von uns ausgehen.

Zum Teil ereignet sich das schon in unserem Land – und punktuell durfte ich Teil davon sein. Viele Menschen machen tiefe und frische Erfahrungen mit der Vaterliebe Gottes. Es spielt keine Rolle, durch welche „Tür" die Liebe Gottes in unser Herz gegossen wird – ob durch eine neue Offenbarung über das Herz des Vaters oder über das Herz des Bräutigams. Jesus sagt: „Wer mich sieht, sieht den Vater." In Jesus hat sich uns der Vater offenbart. Wer in diesen Strom der Liebe eintaucht, erlebt eine Leichtigkeit und eine Intensität in seinem Dienst, die eine Multiplikation all seiner vorherigen Erfahrungen bei weitem übersteigt.

Ein lebendiges Beispiel ist für mich der Dienst von Rolland und Heidi Baker in Mosambik. Sie hatten schon jahrelang einen segensreichen Dienst unter den Ärmsten der Armen ausgeübt, indem sie Waisenkinder versorgten und Gemeinde bauten. Doch als sie selbst von der Liebe Gottes in neuer Weise durchdrungen wurden, entstanden in den nächsten sechs Jahren 6000 neue Gemeinden. In bewegender Weise berichten sie in ihrem Buch „Es gibt immer genug" von diesem Liebesstrom, der, einmal freigesetzt, ihr eigenes Leben erhält und erfüllt inmitten aller Strapazen und Herausforderungen. Darüber hinaus ergießt er sich in ein bitterarmes Land und findet jeden Einzelnen in seiner Not und bringt sie zu Tausenden heim zum Vaterherzen.

Ich möchte nie aufhören zu bitten: „Küsse mich." Ich möchte nicht aufhören zu bitten: „Zieh mich DIR nach, lass uns eilen."

Wir wollen jubeln und uns freuen an dir,
wollen deine Liebe preisen, mehr als den Wein.
Mit Recht liebt man dich (Hld 1,4b).

Kontakt zur Autorin:

irmtraud.lorenz@gmx.de
oder:
Freie Christengemeinde Köln-Porz
z. H. Irmtraud Lorenz
Theodor-Heuss-Str. 9, 51149 Köln

„Kirche nach dem Herzen Gottes"

Wayne Jacobsen, Geliebt!

Tag für Tag in der Zuneigung des himmlischen Vaters leben

240 S., Paperback

Das Buch, von dem Wayne Jacobsen sagt, dass er kein wichtigeres mehr schreiben werde.

Jeden Tag ein Leben zu führen, in dem wir völlig sicher sind, dass wir bedingungslos von Gott geliebt sind – ist das wirklich möglich, und wie sieht das konkret aus?

Wayne Jacobsen bringt uns Schritt für Schritt nahe, wie tief die Liebe Gottes zu uns tatsächlich ist. Wir entdecken dabei, dass wir nicht zu Sklaven, sondern zu Söhnen und Töchtern berufen sind. Die liebevolle Zuneigung unseres Vaters im Himmel gilt uns in allen Umständen. Wir erfahren eine lebendige Beziehung zu ihm, die uns von der Qual der Scham befreit und uns so verändert, dass wir als seine Kinder leben können.

Wayne Jacobsen / Dave Coleman

Der Schrei der Wildgänse

Aufbrechen zu einem freien Leben in Christus jenseits von Religion und Tradition; 220 Seiten, Paperback

Wie können wir heute als Einzelne und in Gemeinschaft in der Freiheit leben, zu der uns Christus befreit hat? Wie können wir religiöse Zwänge entlarven, die uns diese Freiheit immer wieder rauben wollen?

Die Autoren beantworten diese Fragen mitten aus dem Leben. Sie zeigen auf, wie wir heute ganz praktisch mit Jesus leben und eine Freude und eine Freiheit erleben können, von der wir bisher bestenfalls träumen konnten.

Greg Violi, Das Herz des Lammes

Jesus tiefer erkennen und ihn widerspiegeln

200 S., Paperback

Gott sehnt sich nach Menschen, in deren Herzen er wohnen kann. Er möchte, dass unser Herz sein Herz, das Herz des Lammes, widerspiegelt.

Durch den Sündenfall und die Folgen sind die Herzen der Menschen mit der Saat des stolzen Herzens Satans stark verunreinigt. Die Wiederherstellung des reinen, gottgefälligen Herzens ist deshalb die schwierigste aber auch wichtigste Sache, die geschehen muss, damit die Welt die Wahrheit über Gott erkennt.

Felicity Dale, Armee der Liebe

Wie Jesus heute mit einfachen Leuten seine Gemeinde baut; 260 Seiten, Paperback

Im ersten Jahrhundert waren es einfache Leute, die Jesus gebrauchte, um seine Gemeinde zu bauen. Die Begegnung mit ihm hatte sie verwandelt, und nun ließen sie sich senden, die Werke Jesu zu tun und die damalige Welt auf den Kopf zu stellen.

Auch heute beauftragt Jesus weltweit wieder ganz normale Menschen, einfache Gemeinden zu gründen. Dieses Buch erzählt die wahren Geschichten etlicher solcher Leute und leitet daraus Grundprinzipien ab, die für die Gründung und Praxis einfacher Gemeinden von Bedeutung sind.

Frank Viola, Ur-Schrei

Gottes Herzensanliegen seit ewigen Zeiten, 300 S., Pb.

Tief im Wort Gottes verborgen finden wir eine einmalige, wundersame Geschichte. Ein Drama, das schon vor Grundlegung der Welt begann, eine epische Erzählung, die mitten aus dem Herzen Gottes kommt und nichts weniger als den Sinn des Lebens und Gottes große Mission auf der Erde offenbart.

Das Buch stellt anhand von drei miteinander verwobenen Erzählsträngen die wesentlichen Ziele vor, die Gott mit der Menschheit von der Schöpfung bis zur Offenbarung verfolgt. Wir erhalten ein Gesamtbild von Gottes eigentlichem und tiefstem Herzensanliegen. Diese Entdeckung wird für immer unsere Sicht auf unser Leben, die Gemeinde und unseren herrlichen Gott verändern.

Heiderose B. Hofmann
Vertrau mir, mein Kind!

Alleinerziehend im Licht der Bibel, 160 S., Paperback

Viele alleinerziehende Eltern fühlen sich – selbst unter Christen – in ihrer Problematik häufig allein gelassen. Selbst mit dieser Problematik konfrontiert lernte die Autorin mit der Zeit, Gott in ihre Situation mit hineinzunehmen. Er offenbarte ihr Schritt für Schritt sein Herz für die Alleinerziehenden.

Das Buch hilft Betroffenen, mit ihrer Situation zurechtzukommen und Heilung zu finden, und gibt eine Anleitung zum Aufbau von Gruppen für Alleinerziehende.

Bestellen Sie im Buchhandel oder direkt bei:

GloryWorld-Medien | Postfach 4170 | D-76625 Bruchsal
Fon: 07257-903396 | Fax: 07257-903398 | info@gloryworld.de

Aktuelles, Leseproben, Downloads & Shop: **www.gloryworld.de**